La cité des hommes

Bonne Fête Pepe

C

21.06.09

DU MÊME AUTEUR

Les Cents-Jours ou l'esprit de sacrifice, Perrin, 2001.
Le Cri de la gargouille, Albin Michel, 2002.
Eloge des voleurs de feu, Gallimard, 2003.
Un autre monde, Herne, 2003.
Le Requin et la Mouette, Plon, 2004.
Histoire de la diplomatie française (en coll.), Perrin, 2005.
L'Homme européen (avec Jorge Semprun), Plon, 2005.
Le Soleil noir de la puissance, Perrin, 2007.
Hôtel de l'insomnie, Plon, 2008.
La Chute ou l'Empire de la solitude, Perrin, 2008.

Dominique de Villepin

La cité des hommes

Plon
www.plon.fr

ISBN : 978-2-259-20915-1

La revanche de l'histoire

L'histoire est de retour. Nous sommes à l'aube d'une de ces grandes crises qui façonnent depuis toujours la condition des hommes. On l'avait dite assoupie et épuisée il y a moins de vingt ans, appelée à prospérer dans la bonace, alors que les tempêtes guettaient, à peu de distance. Il y eut d'abord 2001 et le bouleversement des attentats du 11 Septembre. Puis 2003, et l'enlisement de l'Amérique dans une logique de force. Enfin, l'été 2008 et ses déflagrations multiples, de la guerre en Géorgie à la faillite de Lehman Brothers.

Les menaces s'accumulent. Le précédent de 1929 hante tous les esprits : une spéculation boursière aggravée par un recours excessif au levier financier, puis une catastrophe économique dans laquelle, de proche en proche, un effondrement bancaire entraîne une crise de crédit, celle-ci engendrant à son tour une récession industrielle. Demande et production s'engagent dans une spirale dépressive. Les Etats succombent aux pièges du protectionnisme, des dévaluations compétitives et des politiques aux effets déflationnistes. En 1932, le revenu national américain a diminué de moitié par rapport à ce qu'il était à la veille du krach. Les ressemblances sont réelles : la même brutalité d'une crise, au fond inéluctable, le même appel à la restauration de la morale, la même tentation du repli, le même risque d'abandon de certains pays fragiles.

Aujourd'hui comme hier, il est illusoire de croire à un possible découplage de l'économique et du politique. La crise de 1929, faut-il le rappeler, a favorisé la prolifération des nationalismes et l'avènement du nazisme. La crise économique souffle, dans un cas comme dans l'autre, sur les braises d'un système international déséquilibré et incertain, ici l'unipolarité américaine après la guerre froide, là les frustrations du traité de Versailles à l'issue de la Première Guerre mondiale.

D'ailleurs, 1929 n'est pas le seul exemple : toutes les crises économiques majeures charrient leur lot de conflits internationaux et d'instabilités politiques nationales. A la fin du XIXe siècle, la France a connu une longue dépression, deux décennies de marasme et d'essoufflement dues à des prix agricoles déclinants et à des débouchés industriels raréfiés. La reprise ne s'amorce réellement qu'après 1906, à la faveur d'une nouvelle révolution industrielle. Le marasme conduit, de proche en proche, aux grèves de Decazeville en

1886, à la tentation boulangiste et à la crise de Fachoda, opposant les impérialismes coloniaux britannique et français.

Les grandes crises exacerbent les tensions existantes et les portent à leur point d'incandescence. En 1928, un observateur éclairé aurait sans doute pu parier sur un apaisement de la question allemande. Le problème des réparations de guerre avait été partiellement résolu par le plan Dawes. La sécurité collective progressait, grâce aux efforts de Briand et de Stresemann. L'économie prospérait à nouveau, profitant des investissements américains. Le parti national-socialiste végétait à 2,6 % des voix. Pourtant en 1930, il bondira à plus de 18 %, en 1932, à 37 %.

Au tournant du XXIe siècle, d'autres menaces existent : un Moyen-Orient plus dangereux que jamais, une rupture possible de la construction européenne ou encore un raidissement nationaliste de la Chine.

Enfin, les crises parachèvent des mouvements de fond déjà amorcés de longue date. La dépression de la fin du XIXe siècle a accéléré la montée en puissance des nouveaux pays industrialisés : Etats-Unis, Allemagne, Japon. 1929 a entériné le déclin européen et préparé la bipolarisation entre Russes et Américains. Aujourd'hui, l'ascension des pays émergents, Chine et Inde surtout, mais aussi, avec quelques bémols, Russie, Brésil et Mexique, semble inéluctable. Peut-être seront-ils plus secoués que d'autres car ils demeurent fragiles. Néanmoins, ils devraient sortir renforcés de l'épreuve. Une nouvelle hiérarchie économique et de nouvelles règles de la compétition se mettent en place.

Il faut exercer notre regard à saisir toutes les promesses de ces transformations. Chaque crise a ses vertus, à commencer par l'obligation de nous remettre en question. Elle nous donne l'occasion de nous débarrasser des habitudes acquises, des facilités de l'indignation et de l'assèchement du sens critique. Rares sont les drames dont les hommes ne soient sortis plus déterminés à assurer leur prospérité et à garantir la paix. La sortie de l'enfer de la Seconde Guerre mondiale, engendrée par la dépression des années trente, a conduit au renouveau. La victoire a permis la refondation du pacte démocratique, avec de nouvelles constitutions plus audacieuses et plus équilibrées. Elle a légitimé la construction collective de l'Etat providence inspiré par Beveridge comme par le programme du Conseil national de la Résistance pour la France Libre, à l'origine de l'ordonnance de la Sécurité sociale de 1944. Elle a instauré le compromis fordien des Trente Glorieuses, lorsque les gains de productivité et les hausses de salaire créaient les conditions de la demande accrue d'une société de consommation. Enfin, elle a jeté les bases d'une tentative inouïe de sécurité collective dans le cadre des Nations unies, dans le droit fil de l'idéalisme de la charte de l'Atlantique signée le 14 août 1941.

En remontant davantage dans le temps, d'autres crises ont produit des bienfaits tout aussi importants. Les révolutions démocratiques et nationales de 1848, « printemps des peuples » où le génie de la liberté parcourt toute l'Europe, sont les fruits de la grave crise des économies européennes à partir de 1846, sources d'émigrations massives d'Irlande et d'Allemagne, des dernières disettes européennes et de fortes tensions sociales dont témoigne la publication du *Manifeste du parti communiste*. Si le rêve s'achève mal – avec un retour à l'ordre dont témoigne le coup d'Etat du 2 décembre –, il n'en demeure pas moins que le suffrage universel est instauré en France, que la cause de l'unité italienne a pu faire entendre sa voix et que plusieurs constitutions ont été adoptées en Europe, sapant les bases liberticides du congrès de Vienne.

Il faut se garder de deux écueils. La célébration béate des vertus de la crise, car le renouveau naît de douleurs humaines que nul ne peut oublier. La démesure prophétique, car la tentation est toujours grande de voir se dessiner la fin du monde dans les brumes des grandes faillites. Les écrits économiques et politiques des années trente fourmillent de « crépuscules » ou de « fins » du capitalisme qui, avec près d'un siècle de recul, paraissent excessifs. La reconstruction nécessaire repose sur la capacité au réalisme dans les constats autant que dans les objectifs.

Elle exige, pour être menée à bien, une vision et des bras. Elle est l'affaire des citoyens et de leur volonté, pour édifier une cité-monde qui soit enfin une cité des hommes.

Face à l'histoire en train de se faire, retrouvons la capacité d'agir pour la changer plutôt que la subir. Connaître. Comprendre. Anticiper. S'engager. Raisonner sur les événements en cours à l'aide des exemples du passé et des courants de fond qui travaillent nos sociétés est, à soi seul, un exercice d'émancipation. Je m'y suis efforcé au cours de ces deux dernières années à travers voyages et rencontres, en France et dans le monde, de Buenos Aires à Chengdu, Kyoto ou Lagos, de Bruxelles à Moscou, New York, New Delhi, Doha, Téhéran, jusqu'à Casablanca ou Lima. Partout, j'ai constaté l'urgence de se saisir d'un destin commun. Les hommes sont les acteurs de leur propre histoire, non malgré eux, par une ruse de la raison, mais par la vertu de leur liberté. Il s'agit de construire une communauté d'hommes libres, sur les ruines d'un passé révolu. Pour la première fois, à l'issue d'un siècle d'intégration mondiale tantôt douloureuse, tantôt heureuse, nous sommes en situation d'affirmer pleinement notre destin collectif à l'échelle du globe. De saccades en secousses, la vision d'un monde global a fait son chemin. En 1989, la fin de la division ouvrait un horizon d'espérance. Vingt ans après, le pessimisme a repris le dessus. Nous vivons dans la certitude de dangers universels qui s'amoncellent sur nos têtes, du réchauffement climatique aux pandémies. Dans le même temps, certains clivages raciaux, sociaux, nationaux s'estompent pour faire face à de nouveaux antagonismes, économiques ou religieux, par exemple. Les grands mouvements précipitent une prise de conscience collective et la nécessité de solutions communes. N'y a-t-il pas là les contours d'une République – au sens où les Anciens utilisaient ce terme, celui d'une entité commune, d'intérêts partagés qui imposent des décisions prises de concert, qui obligent à un accord sur les principes régulateurs – à l'échelle de la planète ?

Tout est à reconstruire, mais rien ne peut l'être sans des principes fondateurs. L'action ne transforme le réel que si elle découle de convictions partagées, fermes, vivantes, auxquelles on doit restituer toute leur force révolutionnaire.

Le chantier est immense car il consiste à rechercher, avec un œil neuf, ce qui peut aujourd'hui constituer l'intérêt général pour le monde. Celui-ci ne cesse de s'affirmer de crise en crise et il ne saurait se réduire à la somme des intérêts particuliers des Etats. De murs abattus en nouveaux murs élevés, nous en ressentons chaque jour davantage l'urgence, alors que défilent sous notre regard les images d'une souffrance humaine qui nous semble aussi perpétuelle que la guerre.

Pour défendre cet intérêt général encore embryonnaire, réhabilitons dans un esprit de responsabilité les piliers de la paix, de la justice, de la solidarité et de l'indépendance, afin qu'une véritable dynamique puisse s'enclencher au niveau des Etats, des ensembles régionaux et, en définitive, de la planète tout entière.

1

Le tremblement du monde

Il faut trier les décombres, remettre les crises en perspective dans le temps long de l'histoire de l'économie. Les cycles se suivent, de vaches maigres en vaches grasses, cycles courts de Juglar ou cycles longs de Kondratieff. C'est le cas depuis l'aube de l'humanité, même si les méfaits de la finance ont remplacé ceux des accidents climatiques. Récemment, les économies occidentales ont connu de fortes et fréquentes secousses, en 1982, 1987, 1993 et 2001. Sans compter l'arythmie des crises de changes nées de l'instabilité fondamentale du système monétaire international qui a changé avec la fin de la convertibilité-or du dollar en 1971. L'un après l'autre, les pays émergents en ont fait l'amère expérience, le Mexique en 1994, l'Asie du Sud-Est en 1997, la Russie en 1998, la Turquie en 2001. Alors, qu'est-ce qui distingue fondamentalement cette crise des autres ?

Elle est avant tout plus complexe, parce qu'elle se présente comme la conjonction de trois cycles historiques d'ampleur différente qui se télescopent pour constituer, à l'échelle du monde, une véritable « catastrophe ». Tout se passe comme si un malade arrivait à l'hôpital pour soigner une infection courante, dont l'aggravation soudaine révélerait l'affaiblissement généralisé de l'organisme, danger à son tour redoublé par la résurgence des symptômes d'une malformation congénitale. Ces maux ont des causes distinctes, mais ils s'influencent mutuellement pour dresser un tableau clinique unique. Nous assistons simultanément à une correction d'une phase de la mondialisation, à la rupture d'un modèle industriel et au basculement des centres de puissance de l'Occident vers l'Orient, du nord vers le sud.

Le cycle de la démesure

Les premiers symptômes cliniques se sont manifestés dès le début de l'année 2007, au moment où la bulle immobilière américaine a commencé à se dégonfler. L'économie mondiale traverse depuis des crises aiguës obligeant les Etats à des interventions urgentes. Les Bourses, qui ont perdu entre 60 % et 70 % de leur valeur, sont le thermomètre quotidien de cette tempête financière et économique.

Pour établir un diagnostic sérieux de la maladie, il faut remonter près de trente ans en arrière. L'idée des néolibéraux est alors d'en finir avec le double héritage de Roosevelt, fondé sur un encadrement de la sphère financière, et de Kennedy, reposant sur une meilleure redistribution dans la sphère économique. Epaulés par la Grande-Bretagne de Margaret Thatcher, les Etats-Unis vont lancer une contre-réforme, à partir de dogmes simples : l'individu prime sur le collectif, l'intérêt général se définit d'abord par la somme des intérêts individuels, enfin le marché détermine le nouvel équilibre social. En résultent la dérégulation financière et la disparition des grands monopoles publics. Le principe, c'est la concurrence ; l'objectif, la croissance; les instruments, le renforcement des marchés et les jeux à court terme de l'économie spéculative.

Pour prix de cette démesure, la violence de la chute répond à la brutalité de l'ascension. En huit ans, en vertu de la politique d'abondance de dollars menée par la Réserve fédérale, du laxisme sur les marchés de crédit et de la disponibilité massive de l'épargne asiatique, les bulles ont gonflé d'autant plus vite et plus fort. Trente mille milliards de dollars se sont volatilisés mais ils s'étaient accumulés en quatre ans à peine.

Cette hyper-croissance financière résulte d'abandons successifs : la dérégulation des transactions financières a limité tous les contrôles étatiques sur les activités financières. Le décloisonnement des différents marchés – crédit, change, obligations – a augmenté les interdépendances et affaibli la lisibilité des procédés. La désintermédiation bancaire a multiplié les acteurs sur ces marchés et rendu les entreprises plus sensibles à leurs fluctuations. Au cœur de la crise on retrouve la disparition de la notion de risque qui veut qu'un risque plus élevé soit mieux rémunéré. L'abondance de liquidités a aveuglé les investisseurs qui ne distinguaient plus les différentes situations et exigeaient autant d'un grand acteur industriel que d'une *start-up* chinoise, ou finançaient des ménages américains qui étaient incapables de rembourser leurs crédits.

Ce « modèle » monétariste et néolibéral a permis une sophistication des mécanismes spéculatifs et une croissance délirante des volumes. En vingt-cinq ans, les transactions ont été multipliées par plus de trente sur le seul marché des changes.

Suffit-il d'accuser la démesure de quelques banquiers de Wall Street? La dérégulation est allée de pair avec la mondialisation. Et en ce sens, c'est la mondialisation même qui est en crise. Elle a prospéré sur un déséquilibre majeur, résultat de l'écart croissant entre une Amérique qui s'endette à outrance pour financer sa consommation et une Chine qui épargne l'essentiel des surplus commerciaux liés à sa situation d'atelier du monde. De part et d'autre du Pacifique, le retournement de conjoncture appelle, par conséquent, à revenir vers plus de modération.

Cette crise est plus forte que celles qui l'ont précédée parce que c'est la première crise globale. Certes, en 1929, les retombées s'abattaient d'un bout à l'autre de la terre, mais d'immenses zones grises restaient en marge de l'économie capitaliste, des régions traditionnelles et plus ou moins autarciques sur tous les continents. Ainsi l'économie socialiste, en Union soviétique, subissait des ruptures – dékoulakisation, famine, planification –, mais à son propre rythme dicté par la main de fer du Parti. Aujourd'hui, aucun recoin de la planète n'échappe au capitalisme mondialisé et, tour à tour, chaque région ressent les effets du séisme financier, comme par la chute de dominos. Notre économie-monde avance de bulle en bulle dans un temps médiatique, immédiat et visible, qui accroît la pression et les risques de panique. Bulle immobilière japonaise de 1997. Bulle de l'Internet en 2001. Bulle des subprimes en 2007. Ainsi, l'effondrement hypothécaire américain est-il venu crever la bulle immobilière espagnole. D'autres bulles sont annoncées. On croirait revoir Charlie Chaplin, jouant au dictateur fou avec un globe léger comme l'air.

Cette crise est aussi totale, n'épargnant aucune activité. Elle ne s'est pas, loin s'en faut, cantonnée au secteur financier, mais a ricoché sur l'ensemble des industries et des services. La restriction du crédit et la contraction de la demande agissent de concert pour atteindre tous les acteurs. L'industrie décroche. Même les secteurs les plus innovants sont affectés. Les plans sociaux se multiplient. Le tourisme faiblit. C'est le fruit des interdépendances, des spécialisations à outrance et des externalisations qui donnent rapidité et profondeur à la contagion.

Une économie mondialisée, financiarisée et globalisée, voilà les ingrédients d'une crise à nulle autre pareille. En définitive, 2008 marque bien un tournant dans la mondialisation. Commencée vers la fin des années soixante-dix, accélérée par la chute du mur de Berlin, elle a porté le char triomphal du modèle néolibéral véhiculant le culte de l'entrepreneur, passeur moderne de la prospérité. Elle a débouché sur un comportement prédateur justifié exclusivement par le rendement du capital, une politique dérégulée fondée sur une autonomisation de la sphère financière et une pression économique source de déséquilibres pour les hommes et les territoires. Une nouvelle phase commence dont il est permis d'espérer qu'elle corrigera les excès des trente dernières années.

La fin d'un âge industriel

Il y a une raison plus profonde au drame actuel. Tout un modèle de production industrielle se disloque, pris dans un mouvement complexe de transition, de saturation et de restructuration. Cette crise dans la crise passe le relais d'une révolution industrielle à l'autre. Le désarroi de la filière automobile est un signe qui ne trompe pas, car c'est le moteur même de la croissance manufacturière depuis plus de cinquante ans qui s'essouffle avec elle. La crise de 2008 jette à bas l'empire de General Motors, sorti triomphant de celle de 1929. Ces cycles longs assurent la « destruction créatrice » de l'économie capitaliste à travers un empilement de strates. A l'industrialisation par le textile ont succédé la domination du chemin de fer et de la sidérurgie, puis celle de la chimie et de l'électricité, enfin celle de la pétrochimie et de l'automobile. Toutes les périodes de l'industrialisation ont eu leurs secteurs porteurs, empires économiques dont l'ascension et la chute peuvent être comparées à celles des puissances. Emblème de l'hégémonie américaine, l'automobile ne sera plus le cœur du tissu économique. Elle doit faire sa mue pour s'adapter à un monde de pétrole rare et de villes denses et polluées.

Une nouvelle révolution industrielle prend donc le relais. Celle des nouvelles technologies de l'information et de la communication, initiée il y a plusieurs décennies par le surgissement de l'électronique et le développement rapide de l'informatique. Elle présente cependant des caractéristiques qui la différencient des modèles précédents. Elle réduit la part des processus d'assemblage dans la valeur ajoutée, augmentant celle de la conception et du développement. De plus, ses effets ne sont pas cantonnés à un secteur spécifique. L'informatisation redéfinit les schémas de travail dans l'ensemble des activités, jusqu'aux services. Elle crée des effets boule de neige dans l'émergence d'autres branches, biotechnologies, nanotechnologies. C'est une révolution porteuse de révolutions, une métamorphose permanente de tout le paysage industriel. Elle modifie la relation entre fournisseur et client par de nouvelles techniques publicitaires et un marketing refondé. Elle accélère et diffuse les révolutions éducatives. C'est toute une « nouvelle économie » qui se substitue à l'ancienne.

Ces nouvelles technologies révolutionnent aussi la division internationale du travail. Tout ce qui ne nécessite pas l'interaction physique entre les hommes est désormais susceptible d'être délocalisé. La mondialisation numérique n'aplatit pas l'espace, elle ne le réduit pas, elle l'abolit. Au cours du dernier demi-siècle, les délocalisations déplaçaient les industries de main-d'œuvre peu qualifiée vers les pays émergents, parce que la différence de coût du travail compensait le prix du transport. Dans les pays de départ, la délocalisation était douloureuse et laissait orphelines des régions entières, victimes de leurs fleurons de jadis, nord de la France, Ruhr allemande ou « Ceinture de la rouille » des Grands Lacs américains. Mais les hiérarchies économiques des nations étaient conservées. Les pays riches pariaient sur la qualification. A Dortmund, dans la Ruhr, les industries de haute technologie remplaçaient peu à peu les hauts fourneaux.

Désormais, cette logique est rompue. Les activités à maintenir sur place sont tout aussi bien des professions très qualifiées, médecins ou magistrats, que des emplois peu qualifiés, entretien, vente au détail ou services à la personne. De même, les métiers qui peuvent être délocalisés en Inde, en Chine ou en Afrique parce qu'ils se contentent d'un contact virtuel sont aussi bien peu qualifiés – les centres d'appel par exemple – que fortement qualifiés, conseil, audit ou marketing, peut-être un jour télé-enseignement. Une telle évolution accentue la compétition mondiale et entraîne le renversement des vieilles hiérarchies.

Une autre révolution est en germe, celle de l'économie verte. Située au croisement d'une exigence économique – la rareté des ressources – et d'une exigence éthique – le respect des générations futures –, cette nouvelle économie va sans aucun doute bouleverser nos modes de vie et nos modes de production en irriguant tous les secteurs. Le secteur de l'énergie bien sûr, mais aussi de l'automobile et du transport aérien, de la construction, de la consommation de produits alimentaires, tous vont être transformés en profondeur par cette nouvelle dimension.

Car, au-delà, il s'agit bien d'une crise de saturation du modèle industriel hérité des deux derniers siècles. Elle est arithmétique. Le déséquilibre entre les ressources naturelles disponibles et les besoins de la production devient de plus en plus criant. Le monde ne suffit pas à nourrir notre appétit. La crise des matières premières de 2007, lorsque les prix du pétrole, du cuivre, de l'acier ont doublé voire triplé, nous a fait toucher les limites de l'« hyper-croissance » économique. La spéculation effrénée liée à l'explosion de la demande s'est ajoutée à la rareté des ressources. L'arrivée des géants chinois et indien sur le marché révèle l'égoïsme fondamental d'un système qui ne pouvait faire vivre à son rythme qu'une fraction de l'humanité.

Nous prenons conscience, depuis Bhopal ou Tchernobyl, des coûts environnementaux et sociaux de l'industrialisation forcée. Le risque n'est plus seulement d'une stagnation mais bien d'une régression de l'humanité entre pollutions indélébiles et réchauffement climatique.

La réponse doit être plurielle : une conversion du modèle industriel à une production plus économe en matières premières, une transformation des sociétés développées dans l'évaluation de leurs besoins, enfin un partage plus équitable des ressources avec les pays émergents et en voie de développement.

L'équipement des ménages est largement achevé dans les pays industrialisés. L'enjeu réside désormais dans son renouvellement perpétuel. Voilà, en définitive, la mère de toutes les bulles, bulle non pas virtuelle, mais réelle, de la société de consommation qui naît d'une inadéquation viscérale entre les besoins et les désirs. Les sociétés industrialisées ont opéré une mue profonde au cours des Trente Glorieuses, passant d'une logique de satisfaction des besoins matériels, liée en particulier à la reconstruction dans les pays européens, à une logique d'entretien et d'accroissement des envies, nourrie par des techniques sophistiquées : prospective, publicité, marketing. Faute de débouchés naturels, il a fallu susciter le désir et le faire fructifier en déséquilibrant l'économie à son profit. A la croissance sage et à moyen terme, s'est progressivement substituée une croissance forcée, à court terme, reposant sur une illusion publicitaire perpétuellement renouvelée. Le compromis fordien s'est mué peu à peu en son reflet grimaçant, une sorte de compromis freudien. Dans le premier, l'équipement des ménages tire la production, élève les salaires et accroît la demande de biens. Dans le second, un cercle vicieux et aliénant : la satisfaction des faux besoins, du fétichisme des objets et du narcissisme des consommateurs impose toujours plus d'efforts et de productivité aux salariés, nourrissant frustrations et rancœurs.

A tous égards, nous achevons le cycle né dans les fumées de Manchester il y a deux cents ans et posons les jalons d'un nouvel âge économique, dont les services, l'innovation et l'information seront le cœur, avec la révolution verte qui touche de nombreux secteurs, qu'il s'agisse de l'énergie, de l'automobile ou de l'habitat.

L'épuisement de l'Occident

Le malaise est profond. Il fait vaciller les soubassements mêmes de nos civilisations. Nous assistons à un tremblement de terre et au renversement d'un ordre planétaire. Dans vingt-cinq ans, la Chine pourrait se situer au premier rang des économies. Déjà, les contestations de l'ordre établi se multiplient. Le monde gronde et le rythme s'accélère. Le basculement dont l'année 2008 marque le pivot remet en cause la modernité occidentale.

Etrange accident que cette hégémonie de l'Occident. Au XIVe siècle, le monde a été confronté à une période de crises importantes : peste, mauvaises récoltes, menaces turco-mongoles d'Asie centrale. C'était le temps de Tamerlan, du Prince Noir et des empereurs Yuan. De ces crises, les diverses aires culturelles se relevèrent inégalement. Depuis la péninsule Ibérique, des explorateurs et des conquérants partirent à l'assaut de nouveaux espaces. A la même époque, l'empire du Milieu lançait, sur toutes les mers ou presque, les sept grandes expéditions de la flotte des trésors de l'amiral Zheng He. C'était la première grande mondialisation, dont deux des principales aires culturelles du globe étaient les points de départ. Pourtant, en l'espace de quelques années, la Chine se replie. L'érection de nouveaux pans de la Grande Muraille et la guerre contre les nomades des steppes absorbent toutes les énergies de l'empire du Milieu. La flotte des trésors disparaît dans la légende. La mondialisation est désormais hémiplégique, pour le demi-millénaire suivant.

Alors que ce déséquilibre se corrige aujourd'hui devant nos yeux, comment expliquer cette supériorité que rien ne paraissait justifier économiquement ou politiquement ? Les uns avancent que les déterminations de la géographie européenne, ouverte sur la mer et prompte aux cloisonnements, avaient façonné une civilisation de compétition et de conquête. D'autres estiment que les transformations des mentalités ont permis à leurs sociétés de développer des avances technologiques décisives, en vertu de facteurs socioculturels internes.

Pendant cinq cents ans, l'Occident a imposé au monde son modèle économique, ses idéaux, son mode de vie. Aujourd'hui, non seulement il perd le monopole du pouvoir, mais sa vision même de la modernité est discréditée.

Historiquement d'abord. Les guerres mondiales et les totalitarismes ont montré que l'Occident avait été incapable de tenir ses promesses chez lui. Les colonisations et les décolonisations ont révélé son incapacité à diffuser durablement ses valeurs démocratiques à l'échelle du monde.

Idéologiquement ensuite, car le discrédit touche désormais les fondements mêmes de son modèle de développement assis sur la trilogie du progrès technique, de la prospérité capitaliste et des mœurs individualistes. L'Occident a bâti son pouvoir sur la technique, c'est-à-dire sur une conception idéalisée de la nature qui en faisait un objet et un instrument à la portée des besoins et des désirs des hommes. Le progrès prométhéen repose fatalement sur le viol de la nature. Aujourd'hui, le crime originel resurgit, à mesure que les opinions publiques se rendent compte que la nature n'est pas une ressource infinie et inépuisable, mais un équilibre fragile dont l'homme est une partie. Le réchauffement climatique, les atteintes à la biodiversité et la pollution de l'air et de l'eau remettent en cause la survie même de l'espèce humaine.

De même, le capitalisme occidental connaît soubresauts et désastres qui annulent bien des promesses. Avec la croyance des Temps modernes en l'autonomie du marché, l'économique s'est constitué en champ distinct du politique, ce qui ne s'est produit dans aucune autre civilisation où les interdépendances entre privé et public sont plus enracinées.

Enfin, le triomphe de l'individu annoncé par la modernité et incarné par les libertés fondamentales autant que par la démocratie libérale est remis en cause. Liberté limitée à l'intérêt, égalité factice, fraternité moquée. Et si la dissolution de toutes les solidarités réelles empêchait, en fin de compte, l'émancipation de chacun ? Ses désirs personnels satisfaits, l'individu découvre le vide d'un monde sans « nous ».

Le rêve et la réalité

Le projet moderne promettait l'enclenchement d'un cercle vertueux, fondé sur le progrès, la prospérité, la paix et, au bout du compte, le bonheur. Qu'en reste-t-il aujourd'hui ? Bien sûr, la mondialisation a permis l'émergence d'une vraie classe moyenne en Chine et en Inde. La pauvreté dans le monde a reculé au cours des dix dernières années. L'Afrique a enfin renoué avec la croissance. Mais cinq sixièmes de l'humanité ne sont toujours pas en mesure de satisfaire leurs besoins et, pour un milliard d'humains, pas même leurs besoins primordiaux. Notre ordre économique continue de creuser les fossés et d'aviver les frustrations. En ce sens, la crise est bien un enjeu de moralisation qui ne saurait se limiter aux excès de la finance et laisser intacte la frénésie de consommation et de spéculation.

Economique, morale, sociale et politique, la crise agit comme un révélateur de déséquilibres inhérents à la volonté de puissance. Le pionnier du Far West n'est pas seulement l'emblème des Etats-Unis, il est, au même titre que le *conquistador*, le symbole de l'Occident tout entier, forçant le passage en brutalisant les Indiens et se berçant de rêves de ruée vers l'or. Les responsabilités sont collectives, laissant percer des illusions dangereuses.

D'abord, le recours à la force qui a souvent été le mode de résolution des conflits et qui se pare des habits du droit. C'est l'erreur commise en Irak par l'administration Bush habitée d'une croyance messianique en une destinée manifeste, forte d'une supériorité militaire écrasante.

Ensuite, la confiance aveugle dans la capacité d'autorégulation du marché. L'abandon à la Providence permet de croire à une prédestination pour le bien de l'humanité, d'un monde guidé par la « main invisible du marché » annoncée par Adam Smith. A force de laisser faire, le laisser-aller l'a emporté.

Enfin, le dédoublement schizophrénique constamment pratiqué par l'Occident entre la propagation de nobles idéaux et la défense pragmatique d'intérêts, souvent contraires à l'exaltation des premiers. Cette hypocrisie d'une double morale est la source la plus évidente du rejet de la parole occidentale. Ne prenons que le Moyen-Orient : combien de fois, en un siècle, les Occidentaux ont-ils promis la démocratie, le respect, la paix et la prospérité ? Combien de fois se sont-ils dédits depuis les accords Sykes-Picot de 1916 ?

La modernité s'est donné la démesure pour règle, pour le meilleur et pour le pire, dans l'ordre social comme dans l'univers des formes artistiques. Or, presque toutes les civilisations se sont construites sur la recherche de l'équilibre, chacune à sa manière, la Chine confucéenne comme le Japon shintoïste et l'Inde soucieuse de la préservation des harmonies cosmiques et sociales. L'enjeu des prochaines décennies pour assurer la cohérence de la cité des hommes oblige à la fois à restaurer de grands équilibres et à assurer une gouvernance légitime. L'Occident ne peut plus se permettre de penser seul et pour les autres, il lui faut réfléchir avec et grâce aux autres cultures.

Tandis que l'Occident s'effrite, le monde change. La modernisation s'accélère. Cette grande transformation ne s'est pas faite par les armes. Elle a commencé depuis près d'un siècle dans les soubassements de toutes les sociétés traditionnelles. Les villes deviennent le cœur battant d'une nouvelle civilisation où s'apprennent des formes de pouvoir, de production et de culture inédites. En même temps, la fin de la transition démographique libérera, à terme, le monde des grandes instabilités démographiques et sociales. Enfin, la révolution éducative offre de nouveaux horizons aux hommes. La lecture et l'écriture seront bientôt à portée de l'immense majorité de l'humanité. Les conséquences politiques et économiques en sont incalculables. Un autre cycle commencé il y a cinq mille ans dans le croissant fertile du Moyen-Orient parvient à son terme.

L'archipel des villes

2008 a marqué un autre tournant : plus de la moitié de l'humanité vit désormais dans les villes. L'urbanisation entraîne une rupture de civilisation. Habitat, transports, échanges, productions, tout en est affecté. La concentration des populations humaines sur le globe est déjà énorme. Deux tiers de la population occupent à peine un dixième des terres émergées. Les villes absorbent désormais l'essentiel des excédents démographiques de l'humanité, surtout dans les explosives villes du Sud, comme Manille, Lagos et Djakarta. Dans quelques décennies, les trois quarts de l'humanité résideront en ville. Il y a à peine un siècle, la même proportion habitait encore les campagnes.

Sur tous les continents, de gigantesques mégalopoles se forment. Les vingt-cinq plus grandes, celles qui dépassent dix millions d'habitants, réunissent à elles seules quatre cents millions d'êtres humains, drainant les populations de vastes territoires. Pour autant, elles se détournent de leur hinterland pour se consacrer à leurs réseaux mondialisés. Les interactions et les interdépendances de ces immenses cités en font un archipel mondial, un réseau d'îlots urbains plongé dans des déserts humains.

Notre perception de l'espace vole en éclats. L'économie mondiale s'est construite sur la différenciation d'espaces centraux et de périphéries, les uns et les autres compacts. Longtemps, une ligne nette a séparé le nord et le sud du monde, scindant l'Amérique en deux, séparant les rives de la Méditerranée puis remontant le long des frontières russes. Quel que soit l'indicateur choisi, son tracé restait le même : richesse, développement humain, démographie. Avec l'ascension fulgurante des pays émergents, on voit les frontières s'estomper. La crise économique accentue le processus ; les limites entre Nord et Sud passeront désormais au sein de chaque Etat, distinguant des territoires urbains dynamiques, reliés au monde, des banlieues déshéritées et des zones rurales de plus en plus enclavées, vieillissantes et déclinantes. Les contrastes sociaux, au Nord comme au Sud, sont explosifs parce qu'ils exacerbent les frustrations et les velléités prédatrices. L'archipel des villes dominantes surgit des eaux à mesure que les autres y plongent. C'est donc là que se dessinent les perspectives d'avenir, que naissent les défis de l'innovation technique, de l'équilibre du pouvoir et de la diversité culturelle.

Défi technologique, tout d'abord. Les villes ne peuvent survivre à ce rythme sans l'innovation. Si le problème n'est pas nouveau, il s'accélère. La « capitale » a toujours été le terreau d'où émergent les problèmes nécessitant des réponses collectives organisées. Que nous reste-t-il des cités englouties du passé? Des aqueducs, des citernes, des réservoirs. L'approvisionnement en eau potable, l'évacuation des déchets pour faire face aux risques sanitaires et les installations de vente et de distribution de nourriture, des forums aux souks, sont le cœur même de la vie urbaine. A présent, les défis sont seulement plus massifs. Assurer la distribution d'eau à un coût acceptable pour toute la population devient un enjeu d'urgence dans les plus grandes villes mondiales.

Les mégapoles du XXIe siècle doivent se métamorphoser sans cesse pour subvenir à leurs nouveaux besoins et développer des technologies innovantes, mises au service de tous. Partout elles sont en train de surgir de terre, en Asie en particulier. Dans la péninsule Arabique, elles se parent de gratte-ciel vertigineux, de tours pivotantes, d'îles artificielles gagnées sur le golfe Persique. En Chine, la première génération de villes vertes sort de terre, en particulier à Dalian. En Corée et au Japon, des villes nouvelles comme New Songdo inventent la cité de demain, cité intelligente gérée grâce à des systèmes d'information complexes.

Assurer le contrôle des besoins énergétiques est une autre urgence. Les grandes villes sont livrées à des dangers vitaux d'approvisionnement alimentaire avec la rupture de la chaîne du froid; de sécurité publique avec l'extinction de l'éclairage urbain; de survie économique avec l'interruption des transports collectifs et la coupure des réseaux informatiques.

L'enjeu culturel de la diversité constitue le troisième et dernier défi. Les villes sont, par nature, des creusets où se rencontrent tant de cultures diverses qu'en naissent de nouvelles. Elles ont toujours attiré les populations rurales voisines, les marchands lointains, les vagues migratoires successives en quête de sécurité ou de prospérité. Le XXIe siècle change l'échelle des mouvements. Les populations en présence sont bien plus nombreuses, les cultures à la fois plus diverses et plus lointaines. New York reste aujourd'hui encore exemplaire à cet égard. Plus de la moitié de ses habitants appartient à une minorité. Un cinquième se compose d'immigrés. L'enjeu des décennies à venir sera celui d'une ville singularisée et en respiration avec les populations qui l'habitent et la façonnent à leur usage.

Les trois révolutions

Plusieurs métamorphoses se télescopent. La première touche les hommes eux-mêmes. Parce que son rythme est lent, ses événements anodins et ses menaces lointaines, la révolution démographique n'attire qu'une attention distraite. Tout au plus voit-on resurgir à intervalles réguliers les peurs malthusiennes d'une surpopulation mondiale. Mais les prévisions catastrophistes des années soixante-dix ne se sont pas réalisées. On emprunterait plutôt le chemin

– encore long – de la stabilisation. Le nombre d'habitants augmente toujours, bien sûr, mais moins vite qu'auparavant. Surtout, la transition démographique est désormais achevée dans de nombreux territoires et engagée partout. Depuis 2003, un humain sur deux vit dans un pays où l'indice de fécondité par femme est inférieur ou égal à 2,1, c'est-à-dire le taux qui assure la stricte reproduction de la population. L'humanité passe d'un régime démographique traditionnel stable, fondé sur une mortalité et une natalité fortes, à un régime démographique moderne également stable, où s'équilibrent une natalité et une mortalité faibles. L'instabilité domine dans l'intervalle, quand les progrès sanitaires et médicaux précèdent les mentalités seules capables de changer la fécondité. L'augmentation de la population planétaire est la somme de ces déséquilibres transitionnels. Elle n'en pose pas moins de redoutables défis pour nourrir l'humanité.

Ces mutations affectent durablement les structures familiales, les ordres sociaux et les équilibres politiques. Partout, la transition démographique a favorisé le rapprochement de la condition des hommes et des femmes, à travers la maîtrise de la procréation. Elle entraîne généralement la stabilisation politique et économique lorsque l'afflux de jeunes sur un marché du travail étranglé se tarit. Ce n'est pas toujours un vecteur de démocratisation, comme le montrent les exemples russe et chinois, mais du moins de modération par rapport aux excès meurtriers du passé. Malgré l'agitation sociale et politique actuelle des mondes arabe et musulman, on entrevoit des perspectives de stabilisation démographique et des promesses de pacification dans ces régions.

La seconde révolution en cours est celle de l'éducation. Certes, ses résultats restent insuffisants, mais jamais autant d'êtres humains, jamais surtout une telle proportion d'entre eux, n'ont eu accès à l'instruction. Désormais, quatre adultes sur cinq sont alphabétisés, ce qui constitue presque une inversion des proportions par rapport au début du siècle dernier. L'instruction primaire gagne sur presque tous les terrains. Dans une décennie, l'alphabétisation devrait s'étendre aux neuf dixièmes de la population mondiale. L'éducation secondaire progresse également malgré la persistance d'inégalités immenses, en particulier entre les sexes. Les pays du Nord connaissent eux aussi une forme de révolution éducative à travers la massification et la démocratisation de l'enseignement supérieur. Cette révolution a une portée économique parce qu'elle permet une amélioration des qualifications moyennes de la main-d'œuvre, une productivité accrue et une spécialisation des activités; mais également politique, parce que l'alphabétisation donne accès aux moyens d'information et porte les mouvements démocratiques, comme l'avait déjà perçu Condorcet dans son projet d'instruction universelle.

Troisième révolution, celle de la mobilité. Jamais la planète n'a été agitée d'autant de mouvements d'hommes et de femmes. Le monde dans lequel nous entrons est un monde de déracinements massifs. Les migrations y seront de plus en plus importantes, activées par les différentiels économiques, par l'abondance de conflits douloureux, bientôt peut-être par les dangers climatiques et environnementaux. Si l'on réunissait l'ensemble des immigrés de la planète, on pourrait constituer le cinquième plus grand pays du monde, plus peuplé que le Pakistan, le Mexique ou la Russie. Les besoins des économies du Nord, avec leurs démographies déclinantes, ne font qu'accroître l'incitation au mouvement.

Les mentalités ne s'adaptent que lentement aux faits. Pendant des décennies, on a imaginé une immigration de travail, transitoire et orientée vers le retour au pays. C'était irréaliste car c'était nier l'expérience humaine accumulée par ces travailleurs, les espérances qu'ils avaient fondées, les liens qu'ils avaient créés. Le monde occidental a vécu sur le déni. Il est tenté, ici ou là, par le repli derrière les murs et les grillages. Mais cela n'a pas de sens. Tout le temps passé à refuser de construire une histoire commune et respectueuse des uns et des autres est un facteur d'accumulation des rancœurs et un risque de violences, non seulement à l'intérieur des pays mais aussi entre les pays.

A cela s'ajoute le mouvement brownien des déplacements de courte durée. Le tourisme est entré dans une phase d'accélération et de diversification. D'abord privilège occidental, il devient lui aussi une réalité mondiale. Par exemple, il croît rapidement en Asie. De nouveaux lieux touristiques émergent, dans les Emirats arabes, en Asie du Sud-Est, capables de concurrencer les lieux les plus établis. En cinquante ans, les flux de touristes ont été multipliés par trente et devraient encore doubler dans les vingt années à venir. Le tourisme change les sociétés et les hommes. Non seulement, il transforme les espaces, parce qu'il nécessite des infrastructures et des moyens de transport, mais il bouleverse le regard individuel sur le monde. Il crée le sentiment d'un patrimoine culturel commun, suscite des modes de perception et de rencontre de plus en plus proches.

Contrainte ou désirée, la mobilité reste un facteur d'unification de l'humanité. Elle favorise la connaissance mutuelle et le dépassement des différences. L'humanité nouvelle est décloisonnée, mais diverse. Petit à petit, elle prend conscience de la valeur de cette diversité. Mais cette mobilité renforce également les frustrations, parce qu'elle traduit les inégalités et nourrit les ressentiments. Il faut donc accompagner les rencontres. Le tourisme doit s'inscrire dans un cadre durable et respecter les sociétés locales. Son extrême concentration spatiale, ses infrastructures massives et sa restriction au dixième le plus riche de la population mondiale sont sources de risques accrus. L'accueil et le suivi des flux migratoires doivent assurer une meilleure intégration dans les sociétés d'arrivée, en tenant compte des dimensions humaines et sociales dans la longue durée.

Nous entrons dans un nouveau monde. Nous n'y sommes pas seuls. Mais il n'a encore ni carte ni charte. Nous nous trouvons à la croisée des chemins, devant des choix décisifs car les rancœurs accumulées créent une situation explosive. Ce sera une révolution, de gré ou de force, pacifique ou destructrice. Pour l'accompagner sans la subir, il faut comprendre ce monde qui nous attend, sans céder au catastrophisme, avant de nous tourner efficacement vers l'action. Ensuite assumer la connaissance avec lucidité.

Les scénarios d'une sortie de crise plus ou moins rapide dans les années à venir reposent sur l'hypothèse d'une reprise du moteur de la mondialisation et d'une traction de la croissance par la demande intérieure des pays émergents. Même dans ce cas, les zones économiques ne possèdent pas toutes les mêmes atouts.

Mais un autre scénario est à envisager, celui de la reprise impossible, dans lequel les Etats-

Unis rechuteraient de crise financière en crise financière, dans l'éclatement successif des bulles, des encours de cartes de crédit, des assurances, des défaillances d'entreprises. La première des puissances, abandonnée à une dette gigantesque et exponentielle, pourrait perdre la prééminence du dollar. La compétition mondiale en serait profondément transformée.

L'Europe désunie peut assister à la dislocation de la monnaie unique entraînant un risque de confrontation entre l'ouest et l'est du continent, dont les intérêts et les situations divergent de plus en plus.

En Chine aussi, les tensions intérieures peuvent, si elles sont aggravées par les enchaînements mondiaux, atteindre l'intégrité territoriale en favorisant des potentats locaux, nourrir tel ou tel particularisme ethnique et déstabiliser le régime politique en conduisant au raidissement du parti communiste.

Face à ces menaces, il est nécessaire de multiplier les actions en ne se contentant pas des effets d'annonce. A ce stade, le G20 marque une promesse, pas encore un progrès. Nationalisations, fonds de défaisance des crédits toxiques, tout doit être mis en œuvre pour restaurer les flux mondiaux et conjurer le pire.

2

Le temps de la responsabilité

Changer le monde est dorénavant à notre portée. Tout périt et décline, si l'on en croit les éternels prophètes du malheur. En fait, tout se transforme. Le basculement du monde ne saurait se réduire à une substitution de puissances à d'autres puissances, de techniques à d'autres techniques. Il s'agit d'accompagner la mutation radicale qui s'opère. Unie par sa diversité, l'humanité entrevoit les moyens d'une action planétaire. Mais sans volonté, le pire redevient possible.

Cette transformation en cours annonce un nouveau partage, engendre un bouleversement des mentalités, des idées et des valeurs. Nous voici à l'aube d'une nouvelle ère.

L'appropriation du monde

Notre relation à la planète est en jeu. De quel droit en serions-nous les propriétaires? Le concept de propriété n'est pas immuable. Il n'est pas non plus universel. Son adaptation a même été l'enjeu de tous les grands basculements historiques. Ni l'Antiquité, qu'elle soit grecque ou romaine, ni le Moyen Age n'ont reposé sur une sacralisation de la propriété individuelle. C'est le tournant capitaliste qui l'a imposée. Notre conception a, en somme, à peine deux siècles. La reconnaissance récente de biens publics mondiaux, tels que l'eau, l'air ou la biodiversité, montre aujourd'hui la nécessité d'une nouvelle conception en la matière. Plusieurs axes de réflexion peuvent y contribuer.

L'acceptation de la complexité, d'abord, afin de dépasser l'alternative réductrice entre la propriété privée et la propriété collective. La complexité mêle les êtres et les biens. L'univers infini est redevenu pour nous un monde clos, où nos paroles et nos actes sont renvoyés et amplifiés sans cesse. Redéfinir l'intérêt général passe par une nouvelle conception de la propriété, comme un dégradé de droits et de titres sur les choses.

Une éthique de la responsabilité ensuite. Dans l'âge de la rareté et de la production industrielle de masse, l'enjeu de la possession se différencie d'un bien à l'autre. Epuiser un bien non renouvelable – une mine, un écosystème sous certaines conditions – engage l'ensemble des temps et des générations à venir. Il y a bel et bien une nouvelle responsabilité globale qui oblige à repenser le système, sauf à compromettre l'avenir. Le patrimoine, de par sa vocation collective, justifie des obligations particulières. Chacun est comptable devant la société de l'usage qu'il en fait.

Face à un bien unique – un brevet ou une œuvre d'art –, la question de la propriété intellectuelle est devenue centrale dans nos sociétés. Elle engage elle aussi une responsabilité vis-à-vis de l'ensemble de l'humanité, à proportion des efforts faits pour en tirer le plus grand bénéfice collectif. La propriété légale d'une technologie novatrice ne peut justifier de la tenir sous le boisseau, par cynisme ou par négligence.

Une logique de réciprocité, enfin. Depuis un siècle, l'évolution des sociétés et la mise en avant des droits-créances des individus à l'égard de la collectivité ont créé, tacitement, une nouvelle catégorie de propriété, une dette de tous à l'égard de chacun. Le droit au travail, le droit au logement, le droit à la santé, inscrits dans de nombreuses constitutions démocratiques aujourd'hui, sont désormais reconnus à l'échelle mondiale par les organisations internationales. C'est bien de donner des droits, encore faut-il les concrétiser. Il faut s'y atteler pour instaurer des mécanismes de réciprocité et de solidarité conjuguant la justice sociale et l'efficacité économique. Les garanties que je reçois de la collectivité justifient en retour la restriction de mes droits de propriété dans la mesure où il s'agit d'assurer la meilleure circulation possible de biens jugés essentiels, par exemple en faveur de l'éducation, de la santé ou de la sécurité.

Ce nouveau régime de propriété trouve une application concrète dans la définition de biens publics mondiaux. L'accès aux biens primordiaux que sont l'air pur ou l'eau potable semble encore moins garanti aujourd'hui que par le passé, malgré de réels efforts des politiques de développement. Le passage de la promesse à la réalité impose de définir et d'appliquer de nouvelles normes d'exploitation et de distribution. Il s'agit de réglementer les concessions de service public de manière à obtenir le meilleur équilibre entre les services fournis et les investissements qu'ils nécessitent.

Ces biens publics mondiaux ne sont pas des biens gratuits. L'eau potable, aujourd'hui plus que jamais, est un produit industriel dont il faut assurer l'extraction, le contrôle et l'acheminement. Ils ne sont pas davantage des biens illimités. Les effets de ces croyances sont délétères pour la préservation des ressources et il faut encourager le développement d'une culture de la consommation rationnelle et soutenable, grâce à l'extension de la mesure des débits individuels, par exemple, ou la priorité accordée à la réduction des gaspillages dus à la vétusté des réseaux d'adduction, dans le cas de l'eau potable. Dans les années passées, les expériences de terrain ont montré que les partenariats public-privé atteignaient la plus grande efficacité lorsque les deux partenaires se partageaient les tâches : normes, régulation et missions d'un côté, solutions industrielles et mesures de l'autre. Il faut également assurer la souplesse et l'adéquation des innovations. Les bornes-fontaines expérimentées dans certaines villes africaines en sont un exemple.

Le capitalisme de l'alliance

Le capitalisme n'est pas mort mais il est en constante mutation, chaque crise combinant rupture et métamorphose. Le terme, après avoir été polémique, est en effet devenu si vague qu'on le confond avec d'autres réalités. Ceux qui, à l'occasion de la crise, demandent des mécanismes de régulation plus stricts ne remettent pas en cause le capitalisme en tant que tel, mais sa variante néolibérale, d'inspiration anglo-saxonne, qui s'est imposée à la fin du XXe siècle. En revanche, ceux qui blâment les méfaits de l'argent et du goût du lucre s'en prennent en réalité à l'ensemble de l'économie de marché, aussi vieille que les marchands et plus ancienne que le capitalisme. Ce dernier est l'aboutissement de forces historiques lointaines dont le changement ne se décrète pas, les échecs des révolutions communistes du siècle passé en témoignent assez. Comme souvent, on navigue en la matière entre radicalisme violent et conservatisme impossible alors que la crise impose la refonte. Un capitalisme de l'alliance – entre justice sociale et liberté individuelle – doit apporter une synthèse viable aux contradictions du passé : l'exploitation, la conquête, l'épuisement des ressources. Il s'appuie sur un nouvel équilibre entre capital et travail, sur une interpénétration des cultures économiques et sur une meilleure gestion des ressources dans la durée.

Alliance entre capital et travail, tout d'abord. Dans les pays industrialisés, les inégalités salariales ont explosé. Depuis trente ans, les salaires réels dans l'OCDE stagnent ou régressent. Dans la gestion des entreprises, les détenteurs de capitaux ont pris une place croissante, au détriment de ce que l'on appelait la technostructure, c'est-à-dire l'ensemble de la gestion productive de l'entreprise.

La pression comptable et la fuite en avant vers l'expansion à tout prix ont fait vaciller les entreprises. Les promesses perpétuelles de 15 % de rendement des capitaux propres ne sont tenables qu'au prix d'une diminution inexorable de la main-d'œuvre, d'une réduction constante des coûts ou d'une conquête agressive de parts de marché. On a, de fait, organisé une jungle de vaincus et de vainqueurs, une sorte de capitalisme de combat.

La crise signifie la revanche du travail. En raison de l'ampleur des défis d'équipement, à la fois dans les pays émergents qui doivent rattraper leur manque d'infrastructures ferroviaires, routières, aéroportuaires et dans les pays industrialisés qui ont à faire face au défi de la croissance verte et sont contraints de consentir des investissements massifs dans l'ingénierie écologique et dans le redimensionnement des infrastructures.

Le travail reprend également des couleurs à cause du développement de l'économie de la connaissance. Elle sera au cœur de la nouvelle compétition. Le facteur de production clé y sera la main-d'œuvre hautement qualifiée. Facteur comparativement rare et hétérogène, il pèsera sur la balance de la rémunération globale, en dépit des afflux de main-d'œuvre issue des universités des pays émergents. Les questions de la propriété intellectuelle, en particulier dans les biotechnologies, redessinent les frontières entre capital et travail. Dans bien des cas, le capital social d'une entreprise sera une idée et non plus seulement de l'argent.

La mondialisation conduit donc, à terme, à la revalorisation du travail, autrement dit du socle de toute économie. Le paradoxe n'est qu'apparent. A mesure que les entreprises s'installent dans les pays à faibles coûts de main-d'œuvre, les travailleurs disponibles y deviennent plus rares et les salaires s'élèvent. En Roumanie, ces derniers ont quintuplé en huit ans. Le processus favorise l'harmonisation des droits sociaux et l'uniformisation des grilles salariales. La pression à la baisse sur les salaires n'est possible que s'il existe des gisements de main-d'œuvre inemployée, comme les centaines de millions de migrants illégaux intérieurs chinois, les *mingong*, l'armée de réserve de la pauvreté indienne, les forces de travail sous-employées de l'Afrique. Mais ces prolétaires de l'usine-monde réclameront un jour leur dû. Ce serait une chance pour la croissance, la seule issue à la surproduction mondiale, en raison de la saturation des marchés occidentaux. Nous pouvons entrer dans un nouveau compromis fordien, si la croissance mondiale est tirée par la demande intérieure immense de la Chine ou de l'Inde, alimentée par les hausses de salaires de leurs ouvriers. Les Trente Glorieuses sont devant nous.

Le capitalisme de l'alliance repose aussi sur un croisement des cultures économiques mondiales au sein des entreprises. Les multinationales actuelles sont plus diverses et mieux implantées sur leurs différents territoires que par le passé. S'achève ainsi le « colonialisme économique » de l'entreprise occidentale conquérante. Les grandes fusions-acquisitions des années quatre-vingt-dix ont été symptomatiques d'une fausse mondialisation : il s'agissait de poursuivre la concentration du capital à structures inchangées, par l'absorption des groupes vaincus. La démarche n'est pas tenable.

Il n'y a pas de modèle économique global capable de s'imposer partout sur la planète. Il faut multiplier les partenariats avec des acteurs locaux de la branche pour partager le risque culturel d'une telle coalition économique. L'implantation durable nécessite de longues associations, par exemple dans les domaines de la fourniture d'énergie ou des services de l'eau.

La diversification de la culture économique est un fait. Les grands champions économiques des pays émergents sont montés sur le devant de la scène mondiale ces dernières années : le groupe Mittal, le chinois Lenovo, le conglomérat indien Tata. Ils viennent s'ajouter à une première génération de la diversité, celle des *zaibatsus* japonais, Mitsubishi par exemple, et des *chaebols* coréens. Dans le domaine des médias ou dans les nouvelles technologies, de grands groupes issus de pays du Sud vont émerger bientôt. Les flux d'investissements et de rachats ne seront plus désormais à sens unique. Les cultures d'entreprises indiennes, chinoises, sud-américaines prennent de plus en plus conscience de leur légitimité. Elles ont leurs propres fins, leurs modes de gouvernance, leur imbrication dans le tissu social. Pour la première fois, le capitalisme ne sera plus occidental d'esprit et mondial par destination, mais réellement mondial.

Le capitalisme de l'alliance est enfin un capitalisme durable, qui assure l'équilibre entre la production et la préservation des ressources naturelles. Le changement climatique, la raréfaction de certaines matières premières, les conflits d'usage de l'eau sont autant de contraintes qui modifient l'ensemble des stratégies d'entreprise. Il va falloir réintégrer les externalités massives dans les coûts de production. Il sera nécessaire de contrôler l'impact des activités. Les entreprises ne sont pas en mesure d'entrer par leur seule force dans le cercle vertueux. Face aux défaillances du marché, la régulation passe par de véritables partenariats avec les acteurs publics sur l'ensemble des questions environnementales et par des accords de branche soumis à la discipline collective.

La participation de tous est un élément clé du développement durable. Les défis sont immenses puisqu'il s'agit de construire un nouvel appareil productif dont l'usage soit envisageable à l'échelle planétaire. Si toute l'humanité avait une consommation semblable à celle des Américains, il faudrait cinq planètes pour y subvenir. La refondation n'est pas un choix. Elle impose le dialogue sur les principes et un accord sur les fins. L'implication précoce et entière des industries dans les processus de réduction des gaz à effet de serre conditionne le succès de la reconversion des entreprises dans le cadre de la compétition mondiale. Le respect de normes environnementales, sociales ou culturelles, pourrait constituer une valeur reconnue de l'entreprise, une forme de label lui permettant d'entrer plus facilement sur certains marchés, de remporter un certain nombre de contrats et de bénéficier de soutiens publics.

En définitive, l'alliance, sous toutes ses déclinaisons, implique celle de tous les acteurs économiques en faveur d'un intérêt général commun. Il s'agit bien de dépasser le clivage, largement factice, entre le politique et l'économique. Non par une politisation des décisions économiques, si souvent à courte vue. Mais par la mise en œuvre d'un capitalisme solidaire, organisé par la volonté et autour de l'intérêt des hommes. Tout ce qui touche à la production, au commerce et aux échanges a un retentissement sur le sens de notre vie commune et les messages à transmettre aux générations futures.

L'entreprise occidentale s'est le plus souvent construite à travers des relations heurtées avec l'Etat. Héritière des factoreries toscanes et flamandes et des luttes des bourgeoisies communales contre les princes, elle avait tout d'abord trouvé son équilibre en se tenant à l'écart des enjeux politiques, avant de partir à la conquête des marchés mondiaux sous couleurs nationales. A la fin du XXe siècle, les multinationales se sont efforcées, pour leur part, de gommer leurs attaches nationales : *world company* pour leurs détracteurs altermondialistes et entreprise globale pour les autres.

L'entreprise-monde, à l'image de l'économie-monde, faisait le grand écart, sans trop se soucier de cohésion et de durée. Le contraste est saisissant entre des managers aux rémunérations exorbitantes et des ouvriers aux salaires toujours plus comprimés par la concurrence des économies émergentes. La crise devrait avoir raison de ce modèle désincarné. Une forme hybride va naître : entreprise mondialisée certes, mais avec un ancrage national assumé. L'entreprise, dans tous les cas, va devoir se réinventer, bousculée et stimulée par les nouvelles exigences légitimes de nos sociétés : l'intégration des minorités, la parité entre hommes et femmes, la protection de l'environnement ou le respect des normes éthiques.

L'entreprise partagée

Le modèle d'entreprise occidental s'est construit sur l'énergie conquérante. Celui-ci a ses récits épiques, ses mythes fondateurs. Oberkampf, Thomas Edison, René Panhard, Alfred Krupp, Steve Jobs sont les figures de proue de ces légendes. Mais c'est un capitalisme de personnages plus que d'histoire. En Inde ou en Chine, les choses sont différentes. Les entreprises sont traditionnellement enracinées dans un substrat social et une parentèle. Beaucoup plus encore qu'en Europe, le capitalisme est familial et éclaté.

L'enjeu est bien la refondation de la légitimité de l'entreprise. Vu de l'extérieur, il s'agit avant tout de la moralisation du profit. Que rémunère-t-il ? Les avantages acquis, les positions de force, les conforts de rente ? De tels abus conduisent immanquablement au déclin et précipitent l'explosion. Le profit légitime couronne la prise de risque et la responsabilité dans l'action dès lors qu'il conduit à une amélioration de bien-être pour l'ensemble de la société, un gain pour tous. A ce titre, le calcul du profit ne peut donc faire l'impasse sur les conséquences de la production, sur les dégâts collatéraux qu'elle induit, comme la pollution en particulier. La responsabilité – environnementale, sociale – est une autre clé de répartition du profit entre les entreprises. Elle pourrait également être le fondement d'une fiscalité modulée et moderne, afin de favoriser les activités les plus conformes à l'intérêt général.

L'enjeu est aussi intérieur à l'entreprise. L'équilibre au sein du gouvernement d'entreprise et sa pleine contribution aux transformations des sociétés ne peuvent se faire qu'au prix d'une représentation accrue de la diversité des acteurs. Il est nécessaire de permettre une bonne circulation de l'information, une culture du compromis, une meilleure représentativité des syndicats et enfin la participation du plus grand nombre aux profits.

Mais il faut également inclure la notion d'équilibre dans la stratégie. Conduire l'entreprise avec les yeux rivés sur les cotations boursières interdit toute politique de long terme. Les entreprises sont aujourd'hui fragilisées par cette financiarisation. Faut-il regretter le capitalisme familial? Celui-ci privilégiait la stabilité plutôt que l'expansion rapide, l'investissement plutôt que l'endettement, au nom d'une priorité donnée à la transmission du patrimoine de génération en génération. Cette stabilité apparente cachait souvent des passages de relais difficiles. Mais, surtout, sa pente naturelle au conservatisme le prédisposait mal à affronter un monde en constante évolution. Il faut donc inventer une troisième voie, une trajectoire de développement capable d'adaptation dans une certaine continuité d'esprit. Les industries doivent proposer des offres globales dans le cadre de véritables partenariats économiques. Elles ne peuvent plus se contenter de livrer des produits finis sur un marché. Prenons le cas des infrastructures : il faut exposer au pays ou à la collectivité cliente le développement, l'aménagement et le retour social qu'elle peut espérer de son investissement, dans le cadre d'une association complémentaire. L'entreprise doit, en un sens, dépasser son rôle industriel en devenant fournisseur de services d'accompagnement, dans la conception, la gestion et l'administration des activités induites. Les axes des stratégies doivent être simples : des savoirs, des territoires, du temps.

Le citoyen-monde

Au-delà des économies, les cultures du monde se sont mises en mouvement. Une conscience mondiale est en train d'émerger. Aucune autre période de l'histoire n'a offert aux individus un accès, physique ou intellectuel, aussi facile à l'ensemble des autres cultures. Voilà le seul véritable « choc des civilisations » auquel nous assistions, celui d'une fécondation mutuelle.

Du côté occidental, il est nécessaire de se départir d'une certaine supériorité universaliste qui prétend s'ériger en juge et seul maître d'œuvre de la synthèse. En face, de nombreuses cultures ont connu la tentation du repli sur la tradition et la mythification du passé par peur de devoir se soumettre à la modernité conquérante de l'Occident. Cette logique a favorisé, par exemple, après un siècle de malentendus et de graves maladresses, le développement de l'islamisme dans le monde arabe. Ce repli est d'autant plus menaçant qu'il intègre la part technologique de la modernité pour la retourner contre ses ennemis.

Le détournement de la culture comme élément de résistance identitaire mène toujours aux affrontements physiques et aux engrenages de la haine. Surtout il appauvrit et fragilise les véritables cultures qui conduisent au partage et supposent l'ouverture d'esprit. A l'évidence, les peuples des pays musulmans sont les premières victimes de l'islamisme. Les modérés, ceux qui veulent associer droits de la personne, démocratie et islam, ont été discrédités et, dans certains cas, persécutés. L'enseignement s'est rigidifié, rendant plus difficile l'assimilation de connaissances venues d'ailleurs. Les traductions se sont taries, étiolant un peu plus une tradition littéraire et poétique foisonnante, à présent tenue sous le boisseau. Il n'y a donc pas de diplomatie plus urgente que l'universalisation de la culture. Il faut soutenir partout les forums de dialogue et les aides qui permettent à la création locale de rester vivante.

Accompagner la rencontre des civilisations, c'est aussi éviter leur écrasement dans un moule unique au nom d'une culture commune. L'unité n'est pas l'uniformité. L'humanité est riche de toute la diversité de ses pensées et de ses ressentis. Elle est la somme de ses langues et de ses images. La diversité culturelle n'épouse donc pas une logique de conservatoire ou de musée, mais bel et bien une obligation de dialogue réel pour qu'il ne tourne pas à un monologue à plusieurs voix.

Est-ce pour autant le triomphe du relativisme ? Toutes les vérités se valent-elles puisqu'il faut encourager la diversité ? Au contraire. Le dialogue dans la diversité n'est pas un slogan mais une opportunité historique de faire naître un universalisme partagé, fondé sur un apport égal de l'ensemble des cultures. L'universalisme doit demeurer une valeur cardinale, un repère permettant l'harmonisation des divers. Pour y parvenir, encore faut-il remédier aux erreurs du passé.

L'universalisme ne peut plus prétendre s'imposer à l'humanité à partir d'une seule de ses composantes. L'Occident s'est imaginé porteur de valeurs indiscutables. Sa sincérité fut sa bonne conscience, dégénérant en arrogance. Hier comme aujourd'hui, des missionnaires jésuites en Nouvelle-Espagne aux valeurs civilisatrices de la colonisation, du flambeau des

Lumières transmis par la Révolution française à une Europe parfois récalcitrante aux prédicateurs de la révolution mondiale, les mêmes erreurs se sont constamment reproduites.

L'Occident doit accepter enfin la réalité et promouvoir le partage. Il ne lui sera pas possible de bricoler son système de valeurs pour le rendre enfin réellement planétaire. Il lui faut reconnaître la polyphonie du monde, contribuer à la nourrir sans prétendre y dominer, prendre au sérieux les cultures et les mémoires, lire et écouter les nouveaux savoirs qui se constituent en dehors de lui. L'Inde abonde aujourd'hui en penseurs novateurs qui tentent de déplacer les frontières des concepts économiques, sociologiques ou politiques que l'Occident s'est donnés par les hasards de l'histoire et a imposés à d'autres sociétés. Dans toutes les disciplines se développent les mêmes efforts de synthèse philosophique et religieuse. Nous sommes face à une période d'éclosion. Devant nous se profile une Renaissance mondiale, une nouvelle époque des Lumières appelée à bouleverser nos façons de penser. Il faut choisir Erasme, Thomas More et Montaigne, et éviter les tentations du sac de Rome, de la Saint-Barthélemy ou de la condamnation de Galilée.

Le défi de la multipolarité et de la mondialisation est au cœur de la redéfinition du devoir de citoyen. Comment l'individu peut-il tirer au mieux parti des changements sociaux et culturels auxquels il assiste et dont il se croit le plus souvent dépossédé ? En raison des grandes transformations que nous subissons tous – que nous le voulions ou non –, les hommes sont amenés à jongler avec leurs différentes identités. Ils se repèrent en fonction de critères géographiques plus complexes, du local au transnational. Ils se situent également selon des appartenances de genre, de religion, de langue, de sexualité. Toutes ces revendications partielles sont commutables et additives. Aux identités closes du passé – acquises et inculquées dans les écoles et les casernes – se sont substituées des identités éphémères et plurielles.

A l'écart de ce mouvement, se trouvent les orphelins de cette pluralité qui peinent à s'extraire d'identités traditionnelles et univoques. Ils n'ont pas changé ; le monde a changé autour d'eux. Cela renforce leur sentiment d'être victimes de l'histoire. Ils subissent de plein fouet les risques de dissolution du tissu social ancien. Voilà pourquoi leur parole demande à être écoutée et non pas rejetée par principe vers l'archaïsme.

En parallèle, émerge aujourd'hui une opinion publique mondiale. Le phénomène est irréversible. Les médias audiovisuels et Internet en sont évidemment les vecteurs privilégiés. Ils nous font entrer dans la société mondiale de l'information de masse. Les enjeux pour les libertés publiques et la diversité culturelle mondiale sont immenses dans les contenus et les moteurs de recherche sur Internet par exemple.

La fausse immédiateté médiatique nous met sous la pression constante de l'image. Elle place l'action sous l'emprise de sa représentation, propice à toutes les dérives et détournements. Face aux risques de l'uniformisation, il est indispensable de protéger la diversité et de réfléchir au statut de la création dans nos sociétés, y compris à travers des financements innovants pour compenser les imperfections évidentes du marché dans ce domaine.

De l'Etat-gendarme à l'Etat-stratège

Les nombreuses forces de changement qui ébranlent le monde servent au rapprochement de l'ensemble de l'humanité tout en accroissant les inégalités. L'unification du monde, sa réorganisation, la mondialisation, tout semble annoncer l'avènement d'un monde transnational ou postnational.

Pourtant il faut y regarder de plus près. La crise financière oblige les Etats à se substituer massivement aux acteurs privés jusqu'à accroître dangereusement la dette publique. Alors que des besoins croissants s'expriment en matière d'éducation, les Etats se montrent seuls capables de conduire des politiques éducatives. Ils détiennent la légitimité de définir les savoirs à enseigner et les moyens de faire émerger les talents nécessaires. Même pour les plus libéraux, la privatisation complète de l'enseignement d'un pays n'est pas envisageable. L'urbanisation renforce parallèlement les Etats, car ils s'appuient sur les relais des villes où se concentre leur présence. Rome et l'Empire romain, Londres et la Couronne britannique en sont des exemples. Enfin, ils demeurent plus que jamais indispensables pour réguler l'économie, assurer l'égalité des droits et la sécurité. Le siècle à venir ne se passera pas des Etats et devrait même, la crise aidant, leur accorder un rôle de plus en plus grand. C'est autour d'eux que s'articulera, en définitive, la nouvelle géographie du monde. Leur hiérarchie va être bouleversée en fonction de quatre critères : le nombre, l'espace, la cohésion et la réactivité.

La loi du nombre confère un atout aux grands ensembles dans la compétition mondiale. Dans un monde bipolaire ou unipolaire, les Etats faiblement peuplés peuvent tirer une rente de puissance de leur situation stratégique, de leur soutien à l'un ou à l'autre ou de leur instrumentalisation pour agir sur un voisin plus important. Cette logique ne s'applique plus dans un monde multipolaire où les éléments les plus petits entrent fatalement dans la sphère d'attraction de leurs voisins les plus massifs. La multipolarité renforce en ce sens la compacité de la puissance. Les hiérarchies régionales vont s'organiser, de façon conflictuelle ou pacifique, avant de se stabiliser. On assiste déjà à une mutation de ce type en Asie du Sud-Est par exemple et même, de manière anarchique et tragique, au Moyen-Orient.

D'un point de vue économique, l'avantage compétitif se révèle plus flagrant encore. Seuls les plus grands Etats peuvent bénéficier de marchés intérieurs assez vastes pour s'imposer aux producteurs et aux distributeurs. La Chine a compris tout le bénéfice qu'elle pouvait tirer des promesses de son gigantesque territoire et elle y trouve un moyen d'influence considérable. Une rente technologique aussi, car les grands groupes internationaux payent de transferts de technologie leur droit d'entrée sur le marché chinois. Pour peser dans l'économie de demain, il est donc indispensable de disposer d'un vaste marché et d'institutions communes. C'est en ce sens que le développement démographique américain et son rapprochement économique avec ses voisins dans le cadre de l'Accord de libre-échange nord-américain (ALENA) sont des enjeux vitaux pour le maintien de sa puissance.

La loi de l'espace n'est pas moins importante. Elle favorise les Etats qui contrôlent et exploitent de larges territoires, car, dans un monde de ressources rares, la disponibilité de gisements de matières premières est un élément clé de la sécurisation de la croissance. Mais l'espace offre aussi des réserves plus vitales encore : l'eau douce, les stocks halieutiques, les grandes forêts, la biodiversité. La capacité à gérer ces ressources à l'intérieur du cadre étatique constitue un avantage incontestable pour des pays comme la Russie, la Chine, le Brésil ou la République démocratique du Congo. La compétition pour les ressources polaires qui fait rage depuis plusieurs années, après le long oubli qui a suivi la guerre froide, obéit à cette loi.

La maîtrise de l'espace repose aussi sur le contrôle des carrefours commerciaux. Nous n'entrons pas dans un monde dématérialisé. Les échanges de biens seront toujours essentiels et les grandes voies toujours limitées. La férule de la géographie est tenace. Les Etats ont fait du contrôle de ces voies stratégiques l'enjeu de leur développement historique, que ce soit la poussée russe vers le Sud-Caucase au XVIIIe siècle pour accéder à l'océan Indien, ou la politique moyen-orientale britannique pour maîtriser la route des Indes. Ce contrôle peut s'avérer bénéfique quand il évite la rupture des échanges. Les grands effondrements commerciaux, comme celui provoqué jadis par les invasions mongoles sur la route de la Soie, entraînent des conséquences durables sur la stabilité mondiale. En témoigne aujourd'hui la recrudescence de la piraterie au large de la Somalie.

La loi de la cohésion ensuite, est le fruit d'une longue histoire partagée. Seuls le sentiment du destin commun d'une population et la résolution de ses contradictions au sein de l'Etat

– entre régions ou entre groupes majoritaires et minoritaires – sont en mesure de garantir l'unité et la stabilité de nations qui vont être mises à rude épreuve par la compétition économique mondiale.

Prenons l'exemple de la Chine. Le développement des trente dernières années, depuis la décision d'une ouverture économique graduelle par Deng Xiaoping en 1978, a provoqué d'importantes distorsions territoriales. Les provinces côtières et leur chapelet de métropoles, Pékin, Shanghai, Canton, concentrent les deux tiers de la production nationale et les neuf dixièmes des investissements étrangers sur à peine un septième du territoire. Les écarts de fortune, de modes de vie et d'aspirations entre Chine de l'intérieur et Chine maritime s'accroissent sans cesse. Le risque de rupture est réel. L'éclatement féodal de l'empire du Milieu entre des seigneurs de la guerre est même un leitmotiv de son histoire. La dernière rupture fut tragique, menant dans l'entre-deux-guerres à la brutale occupation japonaise et à la guerre civile. Pourtant, la Chine peut prendre des risques parce qu'elle dispose d'une tradition plurimillénaire d'unité et de gestion des contradictions provinciales. Nulle part au monde, le sentiment de l'héritage commun et de l'enracinement culturel n'est aussi fort.

A l'opposé, les Etats neufs et surtout les Etats dont le découpage imparfait procède d'un héritage colonial, n'abordent pas en position de force une mondialisation qui exacerbe les tensions sur leur territoire. C'est un danger en République démocratique du Congo, avec les poussées sécessionnistes des provinces orientales. C'en est un en Amérique latine où, malgré près de deux siècles de stabilité relative des frontières, les enjeux de cohésion intérieure n'ont pas été résolus. Seule l'évolution vers une reconnaissance des droits des populations indigènes peut contrecarrer la violence endémique et les retards de développement.

La compétition mondiale est certes propice au retour de l'Etat. La concurrence fiscale pour l'accueil des investissements internationaux, la dépendance croissante des savoir-faire mondialisés et la mobilité de la main-d'œuvre qualifiée obligent les Etats à adopter des stratégies de développement responsables et crédibles pour s'imposer face à leurs concurrents. Le moment est venu de tirer avantage des différences en envisageant clairement la modernisation économique. Concentrer l'Etat sur ses fonctions clés d'initiative et d'accompagnement dans le domaine économique, c'est éviter les interventions tous azimuts qui freinent les évolutions et dispersent les énergies. Garantir la santé des finances publiques est la condition préalable à toute liberté d'action. Ce sera vrai tout particulièrement à l'issue de la crise économique, lorsqu'il faudra faire face au gonflement de l'endettement et au durcissement de l'accès au crédit. Des réformes de l'appareil étatique sont nécessaires pour passer d'une logique de contrôle à l'efficacité discutable vers une démarche incitative et stratégique, de l'aval à l'amont, concevant ses actions en anticipant aussi le jeu des rivaux potentiels.

La dernière loi est celle de la réactivité. Les Etats qui l'emporteront seront ceux qui disposeront d'une administration adaptée au siècle à venir. Cette administration devra être souple, concentrée sur l'essentiel. Administration de missions autant que de services, elle devra s'adapter non seulement à un monde multipolaire mais aussi à une société en renouvellement constant. Tous les pays ne font pas face au même défi.

Les vieux Etats en Europe ont empilé au cours du temps des strates administratives, des fonctions régaliennes à la protection sociale. La solidité s'est accompagnée de lourdeur, d'immobilisme et de complexité. L'Empire romain tardif a connu de telles pesanteurs jusqu'à l'éclatement, de même l'Ancien Régime à la veille de la Révolution française. Les systèmes administratifs doivent être refondus pour leur donner la souplesse et l'efficacité dont ils ont besoin. Cette situation n'est pas propre aux pays occidentaux : l'Inde et la Chine doivent assumer leurs propres héritages.

Les Etats plus jeunes ont des systèmes administratifs souvent anarchiques, mélangeant niveaux de compétences et domaines d'intervention. Ces administrations-là devront se renforcer au profit d'une culture du service public qui leur fait aujourd'hui défaut. Le défi est pour eux de répondre, en même temps, à d'immenses besoins et de refuser la corruption comme la mainmise de groupes ou de clans qui détournent la puissance publique à leur profit.

3

Le défi de la paix

Comme à chaque changement d'ère, le monde est travaillé par des convulsions révolutionnaires. Ce n'est pas un monde en paix. Les premières années du XXIe siècle en portent l'empreinte, avec les résurgences périodiques du conflit israélo-palestinien, les chars et les soldats en Géorgie, la poursuite des crises humanitaires et politiques en Afrique à l'exemple du Congo et du Darfour ou, plus loin encore, avec les brutales répressions menées par la junte militaire birmane. Ce monde est plus instable parce qu'il est confronté à une plus grande diversité d'acteurs – Etats plus nombreux, mouvements organisés ou acteurs transnationaux ; il est plus violent, car l'accès aux armes et notamment aux plus redoutables d'entre elles a été facilité ; les crises y sont plus contagieuses dans la mesure où nous voyons déborder les violences en dehors de leur berceau pour s'étendre à des régions entières.

Ainsi va le monde ? Non, rien ne serait plus pernicieux que de croire qu'il est dans sa nature d'être dangereux, que nous serions impuissants à œuvrer pour une paix véritable ou que nous pourrions au mieux répondre au cas par cas. Les crises ne se déchaînent pas par hasard. Ce ne sont pas des cyclones erratiques et éphémères qui parcourent la planète. Elles sont enracinées, interdépendantes et liées au contexte global. La crise économique et le basculement stratégique sont en train de bouleverser la hiérarchie des puissances et de recomposer les alliances à une allure effrénée. L'enjeu est vital pour les Etats : garantir leur sécurité dans un environnement conflictuel, éviter la marginalisation dans le nouvel ordre mondial, travailler à un modèle original de sécurité collective.

Les trois cycles du XXe siècle

Chaque période de l'histoire recèle ses propres crises. Tout le XXe siècle en apporte la preuve. Le contexte stratégique d'ensemble a toujours déterminé les typologies des conflits.

La période en quelque sorte « apolaire » qui se dégagea après le suicide européen de la Première Guerre poussa l'instabilité à son comble, en raison d'un vide de puissances et d'un ordre international fondé sur un compromis impossible entre la volonté de revanche des vainqueurs et le nouvel ordre moral wilsonien. La défaillance des puissances provenait d'un concours de circonstances désastreux : essoufflement de nations européennes exsangues, isolationnisme américain, repli autarcique de la Russie soviétique. Bref, des hommes malades d'un côté, des médecins malgré eux de l'autre.

En résultèrent, d'abord, des crises internes aux sphères d'influence : ce fut le cas des révoltes dans la vice-royauté des Indes, avec les massacres d'Amritsar en 1919, ou de l'affrontement entre la Turquie et la Grèce sur les dépouilles ottomanes. Le *statu quo* génère dans le même temps une accumulation des rancœurs. Faute d'un règlement durable, des déchaînements ultérieurs se préparent. En Europe, l'occupation de la Ruhr, la question des réparations et le corridor polonais de Dantzig attisent le nationalisme allemand. La prise de la ville de Fiume, dans le royaume de Yougoslavie, par les irrédentistes italiens ouvre la voie au fascisme. Encore favorisée par la crise de 1929, l'ascension des totalitarismes décuple l'esprit de conquête aux dépens des puissances secondaires. En résumé, l'affaissement des vainqueurs – minés par leurs dissensions internes – nourrit l'esprit de revanche des vaincus, entraînant à nouveau le vieux continent vers le gouffre.

Pendant la guerre froide, le monde bipolaire se caractérise par le risque de contagion mondiale de toutes les crises, sous la menace de superpuissances aux capacités destructives sans précédent. Paradoxalement, le nucléaire fut un facteur de stabilisation, alors que la dimension idéologique du conflit aggrava le désordre, prenant le monde pour terrain de conquête, Etat après Etat. Deux types de crises en découlent. Celles du centre, touchant aux intérêts vitaux des deux grandes puissances, risquent de mener à une escalade globale. Tel est le cas à Berlin, depuis le blocus de 1948-1949 par les forces soviétiques jusqu'à la construction du mur en 1963 ou dans la crise des missiles soviétiques de Cuba. Celles de la périphérie, que la communauté internationale s'efforce de maintenir sous cloche, non sans un certain cynisme, dans le but d'éviter la contagion au prix d'un pourrissement souvent tragique, comme dans les conflits nés de la décolonisation, par exemple le séparatisme katangais, dans l'ancien Congo belge.

Enfin, le moment unipolaire, né de la chute du Mur en 1989, s'achève actuellement. L'universalisme messianique de la démocratie américaine dominait faute d'ennemis et en raison de l'hétérogénéité des capacités défensives des Etats. Première puissance militaire, industrielle et économique, victorieuse du rival politique communiste, la superpuissance céda à sa pente universaliste et crut pouvoir façonner un monde à son image. Ce climat favorisait le passage en force au détriment de la négociation et l'imposition de solutions uniformes sans adaptation aux spécificités locales. On se trouvait par conséquent confronté, d'un côté, à des crises faisant intervenir l'Amérique face à des Etats faibles, au nom de l'urgence humanitaire ou de la diffusion de la liberté, en Somalie, en 1992, ou au Kosovo, en 1999; et, de l'autre, à des crises sans intervention américaine, par manque de relais, comme au Rwanda en 1994-1995, ou par refus de confrontation avec une puissance, par exemple en Tchétchénie à partir de 1994. Ce hiatus entre les promesses et les réalités a favorisé l'impression délétère d'un double langage, plus qu'à aucune autre période.

La matrice des crises

Quels sont les facteurs essentiels de l'époque multipolaire qui s'ouvre devant nous? La carte des crises et des puissances forme désormais un réseau polycentrique, constitué de nœuds et de vides séparateurs. Il faut se figurer la modification du paysage stratégique à l'image de la limaille de fer qui se répartit sur une surface sous laquelle on déplace des aimants. Désormais, le monde est composé de plusieurs pôles qui s'entourent de glacis. L'attitude de la Russie à l'égard de son « étranger proche » n'obéit pas à d'autres considérations. La multipolarité n'est ni un projet, ni un idéal. Elle est tout simplement la réalité dans laquelle s'inscrit désormais l'action de l'ensemble des Etats.

La période qui s'ouvre est une transition turbulente où se façonnent de nouveaux équilibres. La multipolarité se construit pas à pas et dans la douleur. Il faut donc se préparer à faire face à une multiplication, une diversification et une accélération des crises dans les prochaines années. Le passé nous l'enseigne. A chaque grande période de changement, le raidissement des énergies déclinantes et la montée en puissance de nouvelles forces conduisent aux conflagrations. Ce fut le cas, par exemple, dans l'Italie des *carbonari* du premier XIXe siècle, ou, plus près de nous, en Grèce, en Corée ou en Iran au lendemain de la Seconde Guerre mondiale, alors que se cristallisait l'ordre bipolaire, ou dans une Yougoslavie à feu et à sang de 1989 à 1995, après la chute brutale de l'Empire soviétique. Pourtant c'est toujours dans ces moments brûlants que se forgent les nouvelles lignes de partage. Il est urgent d'agir.

Seconde lame de fond, en sens contraire, la mondialisation. Hier, la colonisation, l'impérialisme européen, les militarismes agissaient sur un territoire sans limites. Cette scission entre les acteurs et leur décor n'a plus de réalité aujourd'hui. C'est la fin des grandes découvertes, en quelque sorte, la clôture de toutes les frontières pionnières. Le monde entier interagit et se découvre une responsabilité globale. Privé de tout exutoire, il doit se donner de nouvelles règles du jeu et trouver d'autres équilibres, pour répondre à des crises dont la nature même a changé.

Elles sont floues parce que l'échiquier mondial s'est décentré. Il devient souvent difficile de cerner la place exacte d'une crise dans l'ordre international. D'où cette impression désespérante d'incendies soudains qui éclatent partout à la fois. Le modèle centre-périphérie a volé en éclats. Les forces parcourent désormais le monde entier. Elles dépassent les frontières des Etats, agissent pour le meilleur et pour le pire : multinationales ou organisations humanitaires, terroristes globaux ou crime organisé.

Résultat concret de ce foisonnement de périphéries et de ces éclosions de centres nouveaux, la guerre a changé. Les affrontements westphaliens classiques entre forces armées régulières de deux Etats se sont raréfiés. Ils sont en décrue constante depuis le milieu des années soixante-dix, en dépit de la guerre entre l'Iran et l'Irak ou encore celle de Géorgie. Quand ils surgissent, ils sont plus brefs, comme en témoignent les guerres des Six-Jours et du Kippour, des Malouines, d'Irak même, et toujours de Géorgie.

Une nouvelle forme de conflit asymétrique émerge, qui oppose un Etat organisé à des groupes violents non étatiques, de la guérilla au terrorisme, avec une opposition de moyens, de tactiques et d'objectifs. Les guerres civiles – longues et meurtrières – ont continûment explosé, depuis la fin de la Seconde Guerre mondiale, notamment en raison des difficultés de stabilisation des Etats au lendemain de la décolonisation. Le nombre moyen de victimes annuelles du terrorisme a triplé entre les années quatre-vingt et les années quatre-vingt-dix. Ces mutations imposent une adaptation des forces armées, en termes d'organisation, d'équipement et de tactique. Les moyens du renseignement et les capacités d'intervention rapides, ponctuelles et limitées deviennent les clés des nouvelles stratégies.

La « guerre contre le terrorisme » est l'exemple même des zones d'ombre entre guerre conventionnelle et opérations de police. Elle incarne le vide stratégique et militaire des réponses face à des phénomènes inédits. Certes, la coopération militaire et policière des Etats contre les groupes terroristes est indispensable, mais elle n'implique pas une confusion de toutes les luttes en un ennemi à l'unité fantasmatique. Le risque est de donner légitimité et crédibilité à un adversaire avec lequel aucune paix, aucun accord n'est possible puisqu'il ne reconnaît aucune règle autre que la destruction. L'autre risque concerne, plus profondément, la légitimité de notre identité démocratique, la préservation de nos valeurs et l'équilibre de nos libertés fondamentales.

La mondialisation rend les crises plus complexes parce qu'elles impliquent toute une hiérarchie mouvante d'acteurs stratégiques, modulant l'intensité de leur intervention en fonction de leur proximité du foyer de crise, des intérêts et équilibres régionaux. C'est sensible dans les crises africaines récentes : des puissances régionales ont fait leur apparition, particulièrement l'Afrique du Sud. Leur présence est unanimement saluée. Cependant les liens forts avec les anciennes métropoles restent vivaces et certains Etats peuvent être tentés de jouer les puissances lointaines contre les plus proches, à la tutelle parfois encombrante. D'autant que de nouveaux acteurs mondiaux s'imposent en Afrique, à commencer par les Etats-Unis, jusque-là faiblement implantés sur le continent, mais aussi la Chine, soucieuse de développer ses relations commerciales et stratégiques. L'Afrique sera, par ses promesses, par ses ressources et par sa position, un espace clé des tensions mondiales.

Enfin, l'environnement des crises est de plus en plus instable. Fondée sur la terreur, la bipolarité de la guerre froide n'en était pas moins un équilibre. Celui-ci a presque complètement disparu. La prolifération nucléaire a été facilitée par les dynamiques de la mondialisation. Pour des raisons techniques, financières et diplomatiques, l'acquisition de la bombe nucléaire est désormais devenue un enjeu d'hégémonie régionale, engendrant des déséquilibres nouveaux. Les efforts nord-coréens et iraniens en vue d'obtenir la bombe s'expliquent à la fois par la recherche d'une position favorable dans leur environnement immédiat – vis-à-vis de la Corée du Sud pour les uns, face à l'Arabie Saoudite et l'Egypte pour les autres – et par le besoin d'une monnaie d'échange dans des négociations mondiales. Le traité de non-prolifération de

1970 est devenu obsolète. La résolution de la question iranienne nécessitera, entre autres, un réaménagement du traité pour réduire les passerelles entre nucléaires civil et militaire tout en permettant l'accès effectif de tous ceux qui le souhaitent à l'énergie nucléaire civile. Il permettrait d'éviter que des « passagers clandestins » ne quittent le cadre du traité dès que les mécanismes de coopération cessent de servir leurs intérêts et que les instruments de contrôle contrarient leurs ambitions.

L'instabilité est à la fois le moyen et le but du terrorisme international. Il se nourrit des rivalités entre puissances. Le terrorisme jihadiste des deux dernières décennies n'est pas la première forme de terrorisme internationalisé. Les groupes des années soixante-dix et quatre-vingt, IRA, ETA, groupes pro-palestiniens ou libanais, mouvements d'extrême gauche, savaient mettre en commun leurs appareils logistiques et cumuler leurs expériences. Les passerelles existaient. Mais pour la première fois, le monde connaît un ensemble cohérent de mouvements partageant les mêmes objectifs, les mêmes moyens, les mêmes méthodes. Le 11 Septembre nous a fait basculer dans une nouvelle ère. Dans les pays musulmans comme dans les autres, la stratégie est la même : diviser, décrédibiliser, frapper les esprits et pousser à la faute pour élargir ses bases de recrutement et d'endoctrinement. Le terrorisme islamiste a sa propre mondialisation dans laquelle des espaces différenciés s'offrent à son action : bases arrière préservées par la faiblesse des Etats, en Afghanistan ou au Pakistan; terrains de combat où la lutte pour le contrôle est engagée, dans de nombreux pays musulmans; et enfin espaces de défi, en Occident, où les terroristes tentent de s'ériger en garants d'une cause commune.

La nouvelle grammaire des crises

Plusieurs formes de crises caractérisent notre période qui entremêle la multipolarité et la mondialisation. Premier cas de figure, les crises de proximité. Le foyer est considéré par l'un des pôles de puissance comme relevant de sa sphère d'influence. Il y préserve des intérêts vitaux, souvent en contradiction avec les principes que prône la communauté internationale. L'intervention est cependant délicate et souvent freinée dans les faits, parce qu'elle remet en cause l'équilibre régional et mobilise les autres puissances. En 2008, la Russie mettait en avant en Géorgie sa préoccupation pour les minorités russes et son rôle stabilisateur vis-à-vis de son « étranger proche ». Les intérêts économiques et énergétiques croisés, les interdépendances culturelles et humaines, les périmètres stratégiques construisent une logique d'aire de puissance fédérée autour de la Russie et c'est pourquoi l'implication indirecte des Etats-Unis dans les révolutions colorées en Ukraine ou en

Géorgie et celle, directe, dans la promotion de l'adhésion à l'OTAN de ces pays, ont été perçues comme une ingérence inacceptable.

Quelle est la ligne de conduite à suivre face à ces situations ? La communauté internationale d'un monde multipolaire ne peut partager la planète entre ses principaux membres. Reconnaître la priorité d'intervention de la puissance la plus proche ridiculiserait l'ONU et conduirait à une fragmentation dictée par la loi du plus fort. Un Yalta en mosaïque ne ferait qu'aviver et rigidifier d'autres lignes de fracture. Pour autant, il serait irréaliste d'agir frontalement contre les conceptions et les intérêts de la puissance concernée. La seule solution repose sur une implication directe et conjointe de toutes les parties prenantes dans un règlement de crise mené sous l'égide de la communauté internationale, une articulation du régional et du global.

Le vide de puissance constitue le deuxième cas type. Il rend l'intervention collective plus nécessaire encore. Ces conflits naissent et prospèrent dans les failles de l'ordre multipolaire, dans les régions à égale distance de deux ou trois pôles de puissance. Ce sont souvent les lieux de prédilection d'une anarchie persistante, de trafics mondiaux et d'implantations de mouvements violents et criminels. Toute l'histoire de l'Afghanistan, depuis son entrée involontaire dans le « Grand Jeu » des Russes et des Britanniques au XIXe siècle, a été déterminée par le manque d'une puissance organisatrice. Frictions entre impérialismes, violence endémique et commerce du pavot s'y sont installés. Son éclatement politique en a fait le havre du terrorisme islamiste lorsque les combattants arabes, parmi lesquels Oussama Ben Laden, vinrent épouser la cause de la libération de l'Afghanistan après l'invasion russe de 1979.

Le désastre afghan, tant intérieur qu'extérieur, montre que le traitement de la crise est inadapté. L'intervention de puissances lointaines accroît les malentendus et les rejets. Il n'y a pas de solution militaire en Afghanistan. L'importation difficile de la démocratie ne peut faire l'impasse sur l'instabilité régnante. Ces conflits interstitiels doivent être traités à la manière de plaies infectées, en associant traitement local et remèdes généraux. Il faut une prise en charge conjointe par l'ensemble de la communauté internationale, mais en s'appuyant, là encore, en priorité sur les Etats voisins. Toute solution passe d'abord par la stabilisation du Pakistan, dont le destin est étroitement lié à l'Afghanistan. Ensuite, il faut responsabiliser les autres Etats de la région : la Russie, l'Iran, sans oublier les Etats du Golfe qui financent souvent pour s'en protéger les mouvements islamistes. Enfin, il faut mobiliser des ressources financières substantielles pour bâtir des infrastructures et moderniser l'économie. En bref, proposer une méthode graduée qui remonte du particulier au général.

Aujourd'hui, la logique inverse prévaut, donnant aux populations l'impression de subir une occupation.

Troisième forme de crise, l'affrontement de blocs. Ce sont les conflits les plus graves, parce qu'ils font courir le risque d'un choc direct de deux des principales puissances. Il faut éviter au monde ce qui fut l'histoire de l'Europe, de la ligue d'Augsbourg qui coalisa les monarchies contre la France de Louis XIV, jusqu'au face-à-face de la Triple Entente et de la Triplice, qui permit le déchaînement de la Première Guerre mondiale. Dans un climat d'insécurité, les puissances sont tentées par des rapprochements agressifs qui attisent les conflits plus qu'ils ne les gèlent. La politique d'élargissement de l'OTAN aux anciens pays membres de l'Union soviétique au nom de la diffusion de la démocratie se heurte à la volonté de Moscou de sécuriser ses approvisionnements pétroliers et gaziers et a ranimé une rivalité américano-russe. La rhétorique de guerre froide s'appuyait sur l'irritation des nationalismes et du sentiment « grand-russe ». A l'échelle du monde, les dynamiques de blocs amorcent un renouveau inquiétant. L'organisation de coopération de Shanghai permet ainsi à la Russie, à la Chine et aux pays d'Asie centrale de s'ériger en môle de résistance face aux pressions occidentales.

La désescalade et le multilatéralisme doivent être les seuls principes d'action face à de tels risques d'embrasement mondial. Il faut favoriser toutes les médiations et progresser par des accords sectoriels arrimant les puissances entre elles dans un dialogue permanent.

Eviter le choc des civilisations

Les effets conjoints de la mondialisation et de la multipolarité sont aussi porteurs de dynamiques. Ils créent par exemple une opportunité unique pour assurer la coexistence des cultures à travers des cadres créés et portés en commun. Il faut néanmoins se garder des erreurs d'interprétation.

D'abord, tomber dans la facilité schématique et simplificatrice. C'est une tentation inhérente à la mondialisation qui aplanit et uniformise les territoires et les cultures. Elle guide en somme la perspective d'une « fin de l'histoire » à la Fukuyama : les dialectiques du mouvement historique auraient à présent atteint leurs fins. Avec le grand marché, la démocratie libérale et la paix entre les nations s'imposeraient un peu partout. Aujourd'hui, la théorie n'est plus guère en vogue, à cause des reculs de la démocratie, des crises récentes et de la montée en puissance de pays émergents qui entrent mal dans le cadre.

Ensuite, apparaît un risque symétrique de figer les aires de puissances, de les asseoir sur des réalités culturelles ou religieuses supposées immuables. Le choc des civilisations n'est pas inscrit dans la nature du monde, comme pouvait le laissait penser Samuel Huntington dans une lecture trop statique et naturaliste. Une telle vision ne laisse guère de place à la volonté et à la liberté des hommes. Le risque existe cependant des deux côtés de la barrière entre Nord et Sud. Au Sud, le raidissement identitaire résultant de l'arrachement et de l'acculturation qui accompagnent la mondialisation à visage occidental. Les sentiments de déracinement et les frustrations dues à des inégalités croissantes conduisent à l'exacerbation des haines et à la tentation du repli. La vision de Samuel Huntington présente l'homme, peut-être délivré de l'histoire, mais livré pieds et poings liés à la géographie, otage de son lieu de naissance. La carte colorée qu'il nous dessine n'est en fait que l'annonce de l'affaissement de chacune de ces prétendues civilisations sur elles-mêmes.

Ainsi – une nouvelle fois –, le risque de déséquilibre est le fait d'un Occident tenté de percevoir son propre déclin comme un choc de civilisations. Le coureur qui s'essouffle et s'arrête sur le bas-côté peut croire que ceux qui couraient derrière lui, à la même allure, se jettent à présent sur lui. Mais ils le dépassent avec indifférence.

Il faut marcher sur les deux jambes de l'histoire et de la géographie, dépasser les schémas qui enferment pour envisager un destin commun de cultures diverses. Les pôles de puissance ne coïncident pas avec un ensemble de civilisations. L'ordre politique et le pavage culturel recouvrent des réalités distinctes. Par ailleurs, dans un monde d'identités multiples, les cultures se définissent et se redessinent en fonction des enjeux sociaux et politiques qui les préoccupent ; il faut donc privilégier les causes internes pour comprendre leurs replis éventuels.

Il ne faut pas saborder l'idée d'une histoire commune de l'humanité, au nom de l'échec de la vision strictement occidentale. Il est important de favoriser les passerelles entre les différentes cultures afin de diversifier la mondialisation sans se situer d'emblée en dehors d'elle. On peut citer l'exemple des renaissances culturelles dans les pays arabes du Golfe où le volontarisme a eu le souci de tirer profit des dynamiques mondialisatrices pour renouveler l'approche de la culture. Les musées construits à Abu Dhabi ou à Doha en sont emblématiques, car ils cherchent à la fois à augmenter leur attractivité mondiale fondée sur une logique de marques muséales – le Guggenheim, le Louvre – et, en même temps, à associer les cultures locales à l'essor modernisateur, comme dans le musée des Arts islamiques de Doha construit par Ieoh Ming Pei.

L'engrenage de la force

La volonté de domination des nations occidentales a crispé et exacerbé des conflits dans les régions instables. La puissance de l'Occident reste avant tout militaire. Le déséquilibre des forces en sa faveur n'a jamais été aussi grand que dans le dernier demi-siècle. L'éventail balistique s'élargit sans cesse, dans le but d'adapter la puissance aux situations les plus diverses, pénétration souterraine, dissuasion nucléaire massive, bombes à fragmentation. L'horizon de l'horreur promise s'étend sans cesse, menaçant un monde où nul n'est plus à l'abri.

L'armée américaine demeure la seule équipée d'un arsenal complet et complexe permettant d'intervenir à tous les échelons, forte d'un avantage décisif, avec les technologies de renseignement satellitaire et le contrôle des communications. Elle représente à elle seule près de la moitié des dépenses militaires mondiales. Deux autres nations occidentales – la France et l'Angleterre – peuvent être considérées, à un moindre titre cependant, comme des puissances mondiales. Les armées des pays de l'OTAN représentent plus des deux tiers des moyens militaires mondiaux. Jamais l'avantage militaire d'un groupe cohérent de pays n'a donc été aussi écrasant.

Dans quel but ? Cet impérium ne s'est accompagné d'aucune amélioration de la paix mondiale. Où nous a menés un écart de puissance aussi énorme ? A l'impuissance. L'Occident se montre incapable de l'emporter dans ces guerres asymétriques qui se soldent par l'enracinement des haines à long terme. La guerre en Irak, en

2003, demeure une erreur fondamentale parce qu'elle a conduit au reniement ponctuel des valeurs d'une grande démocratie, qu'elle a entraîné l'Irak dans une déstabilisation durable entre ses différentes composantes, sunnite, chiite et kurde, et enfin parce qu'elle a terni l'image de l'Occident dans la région et dans le monde. Guantanamo et Abou Ghraib pèsent durablement sur la légitimité américaine.

Ces guerres, on le voit aussi en Afghanistan, sont le théâtre de la vanité de la puissance sans la victoire. Bien avant la Corée et le Vietnam, c'est Hegel qui décrivit ainsi la situation inextricable de Napoléon en Espagne après l'insurrection de mai 1808. Des maquisards protestants de la guerre des Camisards, qui affrontèrent l'armée de Louis XIV, le « géant du Grand Siècle » sur son propre territoire, aux guerres de Vendée, les XVIIe et XVIIIe siècles nous ont montré quelles pouvaient être les cruautés de la « petite guerre », avant qu'elle ne soit désignée comme guérilla. Peut-on se sortir de ces guerres qui ne disent pas leur nom ? Que deviendra l'Irak, une fois les troupes américaines et britanniques parties ? La pacification de la Tchétchénie a été obtenue au prix d'une dictature redoutable, pas d'une démocratie effective.

L'ivresse de la puissance ne concerne pas seulement les Occidentaux mais contamine l'ensemble des acteurs, à commencer par les nouveaux venus. L'attitude de la Chine face à la question taïwanaise, si elle se traduit par des jeux d'échecs subtils, repose cependant sur une logique de bras de fer avec ses voisins asiatiques et avec les Etats-Unis. Une Chine saisie par la « démondialisation » pourrait vouloir recourir aux réflexes d'époques antérieures, au nationalisme de la démesure. Sa recherche de la force se poursuit en sous-main, dans l'évolution des crédits militaires chinois ces dernières années, à un rythme plus rapide encore que la croissance du produit intérieur brut. Ils ont presque triplé depuis le tournant du siècle. Il s'agit en même temps d'une entreprise de modernisation des forces armées, insistant sur les équipements de matériel et réduisant la part accordée à une armée de terre forte en hommes mais faible en équipement. L'armée chinoise attend d'entrer dans le club des grandes puissances, capables d'assurer des projections militaires ponctuelles, maîtrisées et massives.

La Russie se laisse gagner à son tour par la tentation de la force et du fait accompli, en particulier lorsqu'elle intervient dans ce qu'elle juge être son aire d'influence. Là aussi, les dépenses militaires sont reparties à la hausse, doublant depuis l'an 2000. Pour la première fois depuis vingt ans, l'armée russe opère hors de ses frontières. La nostalgie de la puissance perdue, surtout si elle se nourrit d'humiliations récentes, mène depuis toujours à une montée décomplexée vers les extrêmes.

Le réflexe de la glaciation

Un risque plus pernicieux s'est insinué dans les habitudes diplomatiques. Hantées par le souvenir des deux guerres mondiales et la peur de l'apocalypse nucléaire, elles conduisent à maintenir certains conflits à l'état de feu couvant. Dès que les premières flammes apparaissent, le concert des puissances s'éveille pour l'étouffer, à la satisfaction apparente de tous. On l'a vu plusieurs fois à l'œuvre durant la guerre froide, tant la crainte d'une escalade rapide était le seul point commun entre Américains et Soviétiques. Berlin en a été le laboratoire pendant près d'un demi-siècle. Tous les murs, les rideaux de fer, les frontières intérieures du 17e parallèle au Vietnam ou du 38e parallèle en Corée ont répondu à la même démarche. Réflexe aussi d'une ONU à la fois présente et impuissante. Caisse de résonance de la moralité internationale, elle décuple le désir mondial de mettre fin au scandale de la violence. Pourtant, comme la SDN, elle n'a guère les moyens de ses immenses ambitions, en raison du flou du chapitre VI de sa Charte et des divisions qui s'expriment au sein du Conseil de Sécurité. Fruit de bien des compromis, la logique d'interposition maintient souvent davantage le *statu quo* qu'elle ne permet la paix véritable, équitable et inscrite dans la durée.

Avec l'effondrement de l'Union soviétique, le temps des crises gelées pouvait sembler révolu. L'Amérique deviendrait le gendarme du monde. L'ONU aurait les mains déliées, en l'absence de veto systématique des deux grands. A l'exception de la première guerre du Golfe, qui se voulait l'exemple d'une telle démarche de sécurité collective, il n'en fut rien, et cela pour deux raisons principales : la timidité occidentale et le goût des succès rapides et médiatiquement exploitables à l'ère du réseau universel.

La concentration de la puissance économique et militaire au Nord et la localisation des foyers de crise au Sud aggravent le fossé entre le confort des uns et la souffrance des autres. Nos opinions publiques, si elles sont promptes à plaindre les victimes, sont souvent rétives à accepter le prix à payer pour une implication réelle dans le conflit. Sous une forme ou sous une autre, le refus de « mourir pour Dantzig » marque toujours les esprits. Certes, l'enjeu et le coût ne sont pas toujours aussi élevés. Il s'agit parfois de marchés perdus, de campagnes hostiles ou de tensions avivées. On pense par exemple au déficit de réponses aux interminables guerres civiles d'Angola, jusqu'à la mort du principal rival du président Dos Santos, Jonas Savimbi en 2002.

Le goût des succès rapides et spectaculaires est plus récent. L'apparence a acquis une importance démesurée dans un monde diplomatique concurrentiel où plusieurs partenaires peuvent vouloir se prévaloir d'un règlement pour des raisons intérieures ou internationales. Cette compétition médiatique favorise les solutions *a minima* et les interventions trop rapides pour être réellement efficaces. C'est la logique qui risque de prévaloir en ce qui concerne le conflit entre la Géorgie et la Russie. A l'été 2008, le silence américain ouvrit la voie à d'autres médiations, et surtout à celle de l'Europe. Mais l'accord de cessez-le-feu suffit-il pour jeter les bases d'un règlement du conflit ? Un processus de discussions s'est ouvert mais peut-il vraiment aboutir? Les hostilités entre Russes et Géorgiens ne font que s'envenimer, conduisant à une multiplication d'incidents et à des risques de dérives nationalistes. En outre, le danger de contagion pour d'autres pays confrontés aux problèmes de régions sécessionnistes à forte minorité russe, la Crimée en Ukraine, la Transnistrie en Moldavie, les pays baltes, s'en trouve augmenté.

Il faut mettre sur la table l'ensemble des questions dans une approche régionale ne laissant de côté aucun des dossiers connexes, qu'il s'agisse de l'OTAN ou des garanties de l'approvisionnement gazier. La Russie est-elle un élément de l'Occident? Quelle est sa spécificité? L'Europe a un rôle réel à jouer dans la question essentielle qui demeure celle de l'identité de la Russie.

Le gel des crises ne peut se substituer à leur règlement. Or il en fait trop souvent office, parce qu'il rend les tensions moins visibles, qu'il apaise les consciences et donne l'illusion du temps disponible. Des risques s'attachent à cette apparente stabilité : elle peut à terme enraciner les injustices commises et conduire à des explosions d'autant plus violentes qu'elles auront été longtemps contenues. Elle peut devenir injuste, car elle entérine le fait accompli et le droit du plus fort. Hâter l'apaisement d'un conflit se limite souvent à retenir le bras de celui qui a l'avantage à un moment donné. C'est accepter le mal au nom de l'empêchement du pire.

La propension internationale au gel des crises durant le dernier demi-siècle a d'ailleurs conduit certains agresseurs à privilégier les actions rapides et surprenantes pour tirer le plus grand bénéfice de leur intervention. En somme, les tenants des coups de force se sont adaptés aux solutions qui leur étaient opposées.

Cette logique peut également se révéler pernicieuse, car elle empoisonne les relations internationales à tous les niveaux. La situation palestinienne dissémine son poison dans le monde arabo-musulman, et tant que l'exigence d'une paix juste ne sera pas assouvie, les extrémistes se nourriront des rancœurs qu'elle suscite. Même à l'autre bout du monde, les exemples répétés de crises gelées suscitent la défiance envers les principales puissances mondiales. En prouvant leur incapacité à agir dans la durée, elles poussent indirectement à la tentation du recours à la force.

Enfin, cette attitude est humainement coûteuse car elle oblige à des opérations d'interposition complexes et à la pérennisation de camps de réfugiés qui suscitent un instant de compassion avant de tomber dans l'oubli. Les camps palestiniens au Liban ou en Jordanie ont été des facteurs de déstabilisation et de raidissement des régimes politiques, provoquant des répercussions du conflit israélo-arabe. Le drame humain que représente l'exil s'accroît avec le temps, parce que ces souffrances se transforment nécessairement en rancœur et rendent donc l'objectif d'un droit au retour dans la paix de plus en plus problématique.

Aujourd'hui, le risque est encore aggravé par l'interconnexion des crises qui les avive mutuellement et simultanément. Plus une crise a été gelée longtemps, plus sa solution nécessite l'intervention sur une pluralité de foyers secondaires, peu à peu contaminés par la crise initiale. L'islamisme sunnite né notamment des blocages de la société égyptienne et l'islamisme chiite surgi du discrédit du régime du Shah en Iran, tenu à bout de bras par les Etats-Unis, ont peu à peu gagné un terrain après l'autre, en Afghanistan et au Pakistan, dans les Territoires palestiniens, en Algérie, au Soudan. Chaque fois dans un contexte spécifique. Or, quand bien même certains foyers s'apaiseraient, c'est désormais le phénomène mondial avec ses effets de vases communicants qu'il faut traiter. La difficulté ne fait que croître, car elle essaime et s'ancre dans les consciences. En définitive, le gel des conflits est bien contraire à l'objectif d'un règlement efficace. Sous couvert de donner du temps au temps, l'abcès se creuse et prépare l'explosion future.

La visibilité de l'urgence

Les temps et les règles de la diplomatie ont profondément changé. Elles sont désormais dominées par la montée en puissance de la démocratie et de la société de l'information. Diplomates et politiques sont désormais toujours plus comptables devant leurs opinions publiques. C'est ce chemin de transparence que traçait en 1918 le président Wilson dans ses Quatorze Points. Ceux-ci reposaient sur les trois piliers du libre-échange, de la diplomatie ouverte et du droit des peuples à disposer d'eux-mêmes. Wilson avait pour ambition, dans une tradition de moralisme idéaliste, de mettre fin à toutes les guerres et négociations secrètes.

Cette révolution bouleversait les chancelleries européennes, habituées à la lenteur des procédures et à la confidentialité. Certains de leurs accords secrets ont instillé de telles doses de poison que celui-ci agit encore aujourd'hui. Tel est le cas du sentiment de trahison nourri à l'égard de la Grande-Bretagne après la divulgation des accords Sykes-Picot qui répartissaient l'influence française et anglaise au Proche-Orient au moment même où les Britanniques promettaient un royaume arabe indépendant en échange de la lutte contre l'Empire ottoman.

Faut-il poser des limites à la transparence ? L'efficacité d'un appareil diplomatique dépend pour beaucoup de sa capacité à explorer des pistes et à jouer de préparatifs discrets pour obtenir des accords impossibles autrement. Il y a parfois des interlocuteurs peu avouables mais néanmoins indispensables au règlement d'une crise. Nous avons vu où mène la diabolisation de l'ennemi pratiquée pendant huit ans par l'administration Bush, qui usa d'une sorte de wilsonisme dévoyé. Les contacts rompus brutalement radicalisent les positions et rendent les conflits insolubles. Face à un Hamas intransigeant, il faut maintenir ouverts des canaux informels de communication afin de saisir, le cas échéant, les opportunités de règlement. Cela ne signifie pas pour autant ouvrir des négociations, publiques et transparentes. Il faut conserver toute la gamme des instruments diplomatiques, dont une partie ne peut prospérer que dans l'ombre, à condition naturellement d'être contrôlée par les institutions démocratiques.

La seconde transformation, concomitante, s'est imposée à l'action diplomatique de l'extérieur. Tout au long du dernier siècle, la puissance accrue des médias a radicalement changé les relations internationales. L'impact sur les guerres a été le plus évident. Le rôle de la télévision dans le retournement de l'opinion publique américaine face à la guerre du Vietnam marque une date en la matière. Il s'est reproduit et accentué à chaque conflit, avec les mêmes effets d'impopularité à long terme, poussant là encore à l'accélération dans les règlements comme lors de la première guerre, dite des « cent heures » d'Irak. Les pressions sont tout aussi fortes lorsqu'il s'agit de négociations. Les effets en sont seulement plus ambigus. Ils permettent de sensibiliser les opinions publiques en donnant un visage aux victimes. C'est le cas au Darfour. Parfois ces engouements massifs, rapides et éphémères laissent une large place aux déformations et aux simplifications. La confusion entre l'urgence humanitaire et l'action diplomatique peut même se révéler contre-productive comme en Somalie en 1992.

Il faut donc repenser le sens de l'action diplomatique dans le nouvel âge médiatique. Quels objectifs légitimes doit poursuivre un Etat? L'opposition entre l'action affichée pour le bien de l'humanité et la préservation secrète des intérêts d'un pays est souvent moins frontale qu'il n'y paraît. Or cet antagonisme est la cause principale de la défiance des opinions publiques à l'égard des diplomaties. Et l'effet indirect de ce discrédit aboutit, paradoxalement, à l'acceptation de la force comme solution moralement plus claire car débarrassée de toute compromission.

Dans ce domaine complexe, il faut veiller à articuler les priorités des Etats avec le bien commun. Si un Etat intervient en un point donné, il doit anticiper les conséquences de ses actions sur la région, mais aussi sur sa sécurité à l'échelle du monde. Il s'agit pour lui d'adopter une approche stratégique de la réalisation de ses objectifs de démocratisation et de pacification. Le cynisme international est une doctrine à très courte vue.

Quels sont-ils, en définitive, ces « intérêts nationaux » si souvent conspués ? Ce sont, pour chaque Etat, la prospérité, l'influence et la sécurité qui ont, pour condition première, la stabilité partout où ses intérêts sont en jeu. On a pu s'accommoder ainsi de régimes autoritaires et sanguinaires, de l'Ethiopie de Mengistu au Zaïre de Mobutu, et jusqu'à l'Irak de Saddam Hussein. Mais la préservation de ces intérêts est soumise à la pression médiatique. L'engagement aux côtés d'une dictature est toujours une flétrissure. Aujourd'hui encore, la réputation des Etats-Unis est ternie en Amérique du Sud, en raison d'appuis marqués aux régimes militaires des années soixante-dix et quatre-vingt. La radicalité de Hugo Chavez, d'Evo Morales ou de Rafael Correa vis-à-vis de Washington se nourrit des expériences collectives du passé. Cela explique en partie le développement rapide des liens commerciaux avec la Chine permettant de desserrer la relation privilégiée des Etats-Unis avec leur arrière-cour. Le « gros bâton » d'un Theodore Roosevelt fait parfois des enfants battus des adultes rebelles.

Face aux conséquences de la crise, les diplomaties mondiales sont aujourd'hui dans une situation de fragilité et de transition inédite. L'ordre international ne peut plus se satisfaire d'un gel des crises dans un environnement de plus en plus instable. La possibilité de réactions en chaîne n'est pas à écarter. Nous avons en même temps l'opportunité de soigner réellement un certain nombre d'abcès et de pacifier durablement les relations internationales.

*

* *

Aujourd'hui, nous bénéficions d'une conjoncture favorable. Il existe, avec l'élection de Barack Obama, un désir de renouveau et de dialogue. La tempête financière et économique impose de son côté la recherche de solutions communes et de responsabilités mieux partagées. Le multilatéralisme devient la norme. Bien sûr, cela signifie la hiérarchisation des choix et la capacité à tenir le cap.

Il faut établir un calendrier pour sortir de l'ornière. Un plan d'action efficace devrait se concentrer sur les crises dont la résolution serait bénéfique à la stabilité mondiale. En tête de liste, la crise israélo-palestinienne qui tourmente le Moyen-Orient et discrédite depuis longtemps l'action internationale dans le monde ; de même, le conflit du Sahara occidental qui s'enracine depuis plusieurs décennies et forme une base arrière aux violences extrémistes, empêchant la pacification du Maghreb ; enfin la crise afghano-pakistanaise qui gangrène l'ensemble de la région.

Le cercle vertueux

Ces crises présentent des similitudes. Elles offrent aussi des amorces de solutions communes. D'abord, éviter tout abcès de fixation lié à la présence de puissances étrangères, en dehors d'une stratégie et d'un calendrier soigneusement fixés. Ensuite, mettre en œuvre un processus intérieur de dialogue et de rassemblement de toutes les forces de stabilité puis créer une dynamique régionale dans l'intérêt de tous ; enfin, définir un effort économique et social de grande ampleur pour favoriser le développement. La prise en compte des crises dans l'urgence du cas par cas, par cloisonnements étanches et successifs, ne mène nulle part. Il faut restaurer une vision d'ensemble au service d'un nouvel ordre international. La conviction des néoconservateurs américains depuis les années quatre-vingt-dix affirmant l'idée selon laquelle la diffusion mondiale de la démocratie répondait à la fois à l'intérêt – économique et sécuritaire – et à la mission spirituelle des Etats-Unis faisait fusionner la tradition idéaliste wilsonienne avec le réalisme à la Kissinger. Cette pensée postulait l'existence d'un cercle vertueux de l'action internationale, par lequel les Etats-Unis favorisaient la pente naturelle des peuples vers la démocratie libérale. La chute d'une dictature prenait valeur d'exemple et ricochait sur les pays voisins.

Voilà le néoconservatisme sur le papier. Il a été tout l'inverse dans les faits. Il a conduit à la stigmatisation non seulement d'Etats, mais de populations et de cultures. Il a installé deux poids deux mesures pour les pays, en rejetant certains dans l'axe du mal absolu, en conservant d'autres, non moins autocratiques, parmi les alliés privilégiés. Ce qui se voulait une thérapie de choc par la crise contrôlée est devenu un cercle vicieux du discrédit des valeurs promises. Echec du dogmatisme, confondant démocratie et institutions démocratiques, ouverture économique et partage culturel. Les avocats de la démocratie dans les pays arabes autoritaires ont connu au début de ce siècle des années difficiles.

Il faut en tirer les enseignements en veillant à ne pas sombrer dans l'excès inverse de la frilosité et de l'immobilisme. Plutôt que de générer des crises ouvertes là où il n'y a que des conflits larvés, il faut remonter à la source, partir du cratère du volcan et non de ses coulées de lave.

Ainsi, le conflit israélo-palestinien reste la clé de voûte de la paix au Moyen-Orient. Il est un exemple tout à la fois des blocages et des opportunités actuelles. Les grandes lignes directrices pour sortir de cette crise sont connues. Non pas une politique des petits pas, car celle-ci a échoué, mais une politique de pas résolus, c'est-à-dire volontariste dans l'immédiat, visionnaire à long terme. Elle passe par la coexistence de deux Etats viables, obligeant à des concessions douloureuses de part et d'autre.

Le conflit dans la bande de Gaza, qui a commencé en décembre 2008, a été l'illustration de la spirale des violences qui tire la situation vers le bas depuis les débuts de la deuxième Intifada. Il illustre le fait qu'il n'y a pas de paix sans partenaires et pas de négociations sans intermédiaires. Certes, en raison des luttes fratricides entre Fatah et Hamas, il manque un interlocuteur solide chez les Palestiniens. Mais peut-on reprocher aux Palestiniens de ne pas disposer d'un gouvernement capable d'assumer des pourparlers de paix? Ils n'en ont plus les moyens, vivant au jour le jour, dans un désespoir grandissant, dans des espaces confinés et cloisonnés à l'extrême. Il manque aussi, chez les Israéliens, une direction politique capable d'assumer la paix, en raison d'un système politique bloqué par le vote à la proportionnelle, la surenchère communautaire et la radicalisation nationaliste ou religieuse. Il n'y a eu d'avancées sur le chemin de la paix qu'avec des personnalités fortes – faucons devenus colombes par réalisme comme Yitzhak Rabin puis Ariel Sharon.

Aussi compréhensible soit-elle, la logique israélienne de garanties de sécurité comme préalables aux concessions territoriales ne paraît pas offrir d'issue. Seule la médiation peut permettre l'enclenchement d'une spirale ascendante, menant par degrés à un accord. Cette médiation nécessite bien sûr la participation des Etats-Unis, mais les Européens ont un rôle à jouer s'ils parlent d'une seule voix. Les médiateurs doivent d'abord accompagner le dialogue et apporter leur garantie et leur soutien matériel en cas d'accords. Ils doivent ensuite s'impliquer économiquement pour permettre une reconstruction réelle de l'Etat palestinien, ce qui suppose plus que la seule manne européenne qui semble parfois destinée à compenser l'aveu d'impuissance. Enfin, le règlement du conflit implique un dialogue régional, incluant à la fois les Etats modérés comme l'Egypte et des pays comme la Syrie et l'Iran.

Le profit à en tirer à l'échelle mondiale serait immédiat. L'attente, dans une grande partie du tiers-monde, à l'égard d'un règlement israélo-palestinien, est immense tant le conflit en est venu à symboliser le double langage occidental, la loi du plus fort supplantant le droit international. L'apaisement au Moyen-Orient en serait facilité. Le cercle vertueux s'élargirait progressivement, dans le temps et dans l'espace. Cela s'appliquerait dans un Irak conflictuel tel qu'il ressortira très certainement du retrait américain, car les antagonismes chiites, sunnites et kurdes ont été avivés. Il n'y a pas d'autre moyen de parvenir à un équilibre régional, également conditionné par la menace de prolifération nucléaire. L'abcès de fixation israélo-palestinien et son extension libanaise ont trop longtemps distordu les lignes de force au profit de la surenchère.

Il reste que, pour l'heure, tout paraît bloqué au Proche-Orient où la droite dure israélienne et les radicaux du Hamas semblent se rejoindre pour abandonner la solution de deux Etats, israélien et palestinien, vivant en paix, côte à côte. Chacun, donnant libre cours à ses arrière-pensées et son idéologie, ne veut retenir que la possibilité d'un seul Etat. Inacceptable pour la communauté internationale, cette perspective n'est pas sans danger pour Israël qui devra à terme faire face, d'une manière ou d'une autre, aux déséquilibres démographiques entre Israéliens et Palestiniens. A défaut donc d'un déblocage de ce qu'il est convenu d'appeler la « mère des crises », il faut s'atteler sans attendre à conforter toutes les avancées possibles sur deux autres fronts tout aussi centraux.

Celui de l'Iran. Il faut revenir à une situation réaliste, c'est-à-dire intégrant Téhéran comme composante à part entière de la région mais en tenant compte des grandes lignes de fracture historiques entre monde arabe et monde perse, entre sunnites et chiites. Un accord sur le nucléaire iranien, repoussant la perspective d'une intervention armée, ne manquerait pas d'avoir des retombées bénéfiques collatérales en Syrie, en Irak, en Afghanistan, et même dans l'ensemble du Proche-Orient. Un échec, en revanche, enclencherait le cercle vicieux de la prolifération, pouvant encourager alors des vocations en Egypte, en Turquie, en Arabie Saoudite ou dans les Etats du Golfe.

Celui du Pakistan également. En effet, la situation de ce pays est celle d'un Etat quasi failli, proche de celle de l'Afghanistan, présentant un double risque : terroriste en liaison avec l'islamisme radical, mais aussi militaire, qui ne permet plus d'exclure un affrontement nucléaire avec l'Inde. La rivalité entre ces deux Etats est ancienne mais l'exacerbation croissante des tensions entre les deux peuples a atteint un point culminant avec les récents attentats de Mumbaï.

Islamabad, Téhéran et Jérusalem, telles sont bien, aujourd'hui, les trois portes d'entrée de la guerre ou de la paix pour le monde.

La carte régionale

Comment tant de bonnes volontés ont-elles pu échouer? Cette question, ce remords, taraude quiconque regarde le monde du dernier demi-siècle et le compare aux promesses de la Charte de San Francisco, fondatrice de l'ONU. La volonté et les moyens étaient là. L'instauration d'un directoire des puissances – le Conseil de sécurité – et la création des Casques bleus étaient censées corriger l'illusion pacifiste de la SDN. Pourtant, le bilan de l'ONU est plus que mitigé. Peu de solutions. Beaucoup de gels de crises. Quelques échecs dramatiques. Les fonctionnaires internationaux ne sont pas en cause, ils ont globalement fait de leur mieux. L'explication de l'échec est une affaire d'échelle. Une poignée de nations dirigeait le destin du monde. Ce pouvoir exorbitant était justifié par la supériorité morale des Alliés victorieux et par les conceptions d'un monde marqué par la colonisation : l'administration directe ou indirecte de certains peuples par d'autres allait de soi.

Depuis plus de vingt ans, le monde a montré sa capacité à s'organiser à un autre niveau, à mi-chemin des Etats et des Nations unies. Les dynamiques d'intégration régionale ont été sources de prospérité et de paix sur de nombreux continents. La construction européenne a montré la voie d'une organisation institutionnelle originale qui dépassait le cadre d'une conférence permanente de pays pour mettre en œuvre une dynamique d'intégration respectueuse de la diversité des identités nationales qui la composaient.

Ce ne sont pas toujours des succès. Beaucoup d'organisations restent fragilisées par de profonds déséquilibres géographiques, parfois par des pressions politiques extérieures. C'est le cas de l'Amérique du Sud où les prétendants au rôle de première puissance régionale sont nombreux et tendent à multiplier d'autant les projets concurrents, Mercosur ou Communauté andine des nations. Pourtant, dans les dernières années, se sont peu à peu constitués une véritable coopération et même un espace démocratique commun. Reste la pomme de discorde des relations avec Washington et du regard que les Etats-Unis portent sur une telle intégration. Un interlocuteur unique en Amérique du Sud ne manquerait pour eux ni d'avantages ni de risques d'émancipation.

Tournons-nous vers l'Afrique. Elle a été précocement confrontée aux difficultés des projets d'intégration rapide d'Etats trop neufs pour s'exprimer au sein d'un cadre commun. Le panafricanisme s'est construit en marge des Etats, porté par des grands noms comme Leopold Sedar Senghor et Kwame Nkrumah. Fondé sur des souvenirs ou sur des symboles, il ne correspondait pas à un mouvement culturel enraciné. Il concernait des Etats engagés dans des alliances ou des modèles politiques totalement différents, reflet d'un continent immense aux contraintes naturelles et aux intérêts divers.

L'Organisation de l'unité africaine de la conférence d'Accra s'est enlisée à mesure que se stabilisaient péniblement les Etats africains. Dans les années quatre-vingt, elle n'était plus que l'ombre d'elle-même, tout juste organisatrice de conférences communes. Cependant, pas à pas, elle a su renaître de ses cendres parce qu'elle a changé de sens et bénéficié de déblocages historiques. Ainsi, la chute du régime d'apartheid en Afrique du Sud libérait le mouvement panafricain d'une de ses principales hypothèques. La fin de la guerre froide laissait certes l'Afrique à son marasme, mais tendait à unifier son destin face aux grandes tragédies, en particulier la pandémie du sida.

Mais son changement, interne, de signification était plus important encore. L'Union africaine, née en 2002, a revu son rôle et se veut l'animatrice d'ensembles d'Etats existants. Elle s'est appuyée sur des relais régionaux et des puissances émergentes capables de trouver en elle un projet mobilisateur. En somme, l'utopie longtemps bloquée entrait enfin dans l'âge du réalisme. Dès lors, l'Union africaine coexiste avec des sous-ensembles régionaux plus aptes à promouvoir l'intégration parce qu'ils partagent des intérêts stratégiques, monétaires ou économiques, comme la Communauté économique des Etats d'Afrique de l'Ouest ou l'Union de l'Afrique australe.

Le cas africain est exemplaire de la capacité des organisations régionales à devenir des relais de paix dans leur environnement géopolitique. Elles connaissent le terrain, disposent de réseaux de contacts et leur action est souvent plus facilement acceptée. C'est ainsi que la médiation de l'Union africaine en Côte-d'Ivoire, après les événements difficiles de novembre 2004, a permis de faciliter le processus de pacification. Le cas du Darfour, si son succès reste moins probant, représente cependant un apport similaire. Bien sûr les limites de ces efforts sont patentes, comme l'illustre la situation du Zimbabwe. Mais ces organisations ont l'avantage de la réactivité face à des crises politiques ouvertes, comme ce fut le cas au Kenya au début de 2008 lorsque la contestation de la réélection de Mwai Kibaki mena à des affrontements sociaux majeurs.

Le raisonnement s'applique à toutes les zones conflictuelles. Il est impossible de sublimer les conflits du local au global sans les faire passer par l'intermédiation régionale. La situation irakienne ne peut s'améliorer qu'au moyen d'une conférence impliquant l'ensemble des Etats voisins, à commencer par l'Iran. De même, la situation afghane ne peut-elle être résolue sans une approche du même type. Leur multiplication justifierait une présence des organisations régionales dans le cadre des Nations unies, en dehors de leurs Etats membres, afin d'asseoir leur légitimité et d'inciter les Etats à s'associer au sein de ces relais médians de proximité.

Le respect du temps long

Une troisième règle s'impose dans le règlement des crises mondiales. Il faut davantage conjuguer les temps courts de l'urgence et longs du règlement. S'il faut répondre à l'horreur, il faut aussi que cette première intervention d'ordre humanitaire, immédiate et limitée dans le temps, soit clairement définie et séparée des autres objectifs stratégiques. Les années passées ont montré que le brouillage entre action humanitaire et opération militaire classique pouvait avoir des conséquences catastrophiques sur le terrain. L'aide d'urgence n'est pas la mission des forces armées dont l'action doit toujours être tendue vers la sécurisation des territoires. C'est à l'ONU qu'il revient de définir le cadre de l'action multilatérale.

Au-delà de l'urgence, il faut construire l'avenir, et cela ne peut jamais passer par le seul recours à la force, aussi moral puisse-t-il paraître. Les conflits violents expriment toujours – quelles que soient leur instrumentalisation, leur récupération et leur déformation – des conflits d'intérêts profonds entre des populations pour le contrôle de territoires, de ressources ou la captation de symboles. Il faut donc engager un travail de plus longue haleine, fondé sur des moyens diplomatiques et une implication des populations concernées, pouvant mener à terme au consentement de tous à la paix. Ces processus sont toujours douloureux. Ils supposent en général de neutraliser les radicalismes et de proposer un avenir viable. En Algérie, le général de Gaulle, de 1958 à 1962, se détourna assez vite de la solution de force pour orienter le cours des négociations vers une indépendance négociée préservant des liens entre les deux nations.

Plus récemment, dans le conflit ivoirien, une première urgence imposait d'éviter la généralisation du conflit politique et militaire entre les milices du nord du pays et l'armée contrôlée par le pouvoir de Laurent Gbagbo à Abidjan. C'est ce que la France était en position de faire avec la force Licorne. Mais elle s'est également impliquée dans des efforts diplomatiques pour trouver un règlement pacifique de long terme. Les accords de Marcoussis furent ainsi un jalon de cette solution, avant les accords de Ouagadougou. Le dialogue ne devait pas être rompu car l'aggravation des tensions et la montée des haines envenimaient la situation de mois en mois. L'engagement de notre pays cristallisa bien des hostilités à l'égard de ses ressortissants, mais sa participation au règlement du conflit intéressait, au-delà de lui-même et de la Côte-d'Ivoire, l'ensemble de l'Afrique de l'Ouest.

La prise en compte de ces mouvements de fonds semble naturelle et pourtant elle ne va pas de soi. En Irak, la seule vision à long terme disponible est celle du désengagement militaire des Américains avec pour corollaire un scénario, probable, d'affrontement voire de partition. En Corée du Nord, les négociations multipartites ont permis de dégager des horizons de moyen terme, au moins sur la question nucléaire. Indiscutablement, l'élection de Barack Obama laisse espérer, région par région, un recalibrage des attentes et des projets américains permettant de dégager de réelles résolutions de conflits. Mais là encore, il faut garder à l'esprit les leçons des expériences récentes, d'autres exemples de l'idéalisme démocratique américain des administrations Carter et Clinton. Toutes deux se sont efforcées à des diplomaties novatrices et bienveillantes autant qu'ouvertes sur le monde. Mais l'une a échoué – faute de temps, et du fait d'un moralisme un peu raide. En outre, après le Watergate, la guerre du Vietnam et le choc pétrolier, l'Amérique doutait d'elle-même – les ressemblances avec l'enlisement en Irak, Guantanamo et la crise économique de 2008 sont frappantes. L'autre, quant à elle, a eu un bilan plus qu'ambigu, avec, d'un côté, les accords d'Oslo et de Dayton, réels succès dus à des partenariats multiples et à un travail dans la durée, et, de l'autre, des impasses, qu'il s'agisse de la Somalie ou de la reconfiguration de l'OTAN comme bras armé d'une ligue des démocraties.

*

* *

Il y a devant nous un itinéraire à emprunter pour soigner en profondeur les blessures de notre monde. Mais il suppose une volonté forte et partagée et non plus des protectorats brouillons et autoproclamés. Ce chemin repose sur l'émergence d'une conscience mondiale des crises et d'une volonté générale de se saisir de leur solution. En un mot, notre cité-monde attend sa charte fondatrice d'un nouvel ordre démocratique et équitable. Il s'agit de bâtir une forme d'intérêt général planétaire à l'heure où la mondialisation et la multipolarité le rendent enfin possible.

Il faut tracer les plans d'une cité proportionnée. Combien d'utopies et de rêves, magnifiques sur le papier, se révèlent, dans les faits, monstrueux et difformes, incapables de soumettre leurs grands corps aux lois de la nature, avec leurs têtes énormes et leurs bases fragiles ? Elle se doit de répondre aux données si souvent contrariantes, foisonnantes et déroutantes de l'histoire et de la géographie. On ne construit pas sur la négation du réel, fût-ce au nom des idées.

La cité-monde doit être à l'échelle humaine. Car il ne s'agit pas d'une machine. Le cœur de chaque cité est une construction spirituelle. Sa légitimité dans l'action découle de l'application de ses principes. Voilà sa part indispensable d'idéalisme. De l'accord sur les sources de la légitimité commune dépend toute l'efficacité de cette construction. Quelques principes se dégagent, autour desquels peut se cristalliser le consensus de toutes les parties prenantes. Ils circonscrivent et légitiment l'action autour d'une exigence de justice, de solidarité et d'indépendance.

Une nouvelle pyramide reste à édifier avec, à la base, les Etats ; à l'étage, les organisations régionales ; et au sommet l'ordre international. Pour les Etats, l'indépendance est la plus nécessaire afin de faire vivre la diversité naturelle du monde qui est la richesse de l'humanité. Un Etat comme la France a une vocation de passerelle et une tradition d'ouverture qui le rendent particulièrement propre à la médiation. L'indépendance de chacun permet de susciter le pluralisme des questionnements et des réponses face aux défis multiples du monde. A l'étage régional, la solidarité parvient le mieux à faire émerger d'une association de plusieurs éléments une solution dont la valeur et la force dépassent ceux de la somme de ses éléments. En témoigne l'exemple de l'Europe, en dépit de sa crise actuelle. Quant à la justice, elle ne peut être mieux poursuivie qu'au sommet, dans un ordre international assumé et accepté par l'ensemble des parties prenantes. Dans ce cas, elle ne s'impose pas mais s'exerce. Dès qu'il manque un élément dans la définition de la répartition, l'ensemble du modèle devient caduc.

Respecter, partager, unifier, telles doivent être les exigences parallèles de l'action commune pour la faire naviguer dans les eaux tumultueuses entre la tyrannie et l'anarchie. Le temps dominateur de l'Occident est passé. Saisissons cette occasion historique au lieu de nous abîmer dans la quête impossible d'un passé perdu. Il y a bien du chemin à parcourir, tant ces principes cardinaux sont aujourd'hui battus en brèche par l'aveuglement jusqu'au-boutiste, le chacun pour soi, la soumission et l'abdication de la diversité du monde.

4

L'urgence de la justice

L'urgence et la nécessité de la justice s'imposent plus que jamais dans un monde globalisé qui doit accorder les points de vue et répartir des ressources raréfiées. Mais le règne universel de la justice n'est-il pas encore un vœu pieux, le rêve d'un Candide appelé à vite déchanter? La justice, mais au service de qui? Et puis pourquoi réussirait-on maintenant ce qui a toujours été impossible? Pour répondre à ces questions, il faut se libérer d'un langage faussement consensuel pour retrouver derrière le mot justice un principe d'action radical dans son essence et porteur de pragmatisme dans son application. Un principe à l'échelle des hommes, car la justice donne une légitimité à l'action dans un monde sans transcendance commune et se propose d'avancer dans la quête de l'intérêt général. Dans un univers soumis à la caisse de résonance des médias, la justice exige une distance et une impartialité salvatrices.

L'opportunité historique

Chaque époque sécrète son idéologie. L'histoire des idées n'est jamais ni au-dessus, ni en dehors de l'histoire des hommes et de leurs actions. Les idées ne sont rien d'autre que leurs constructions patientes, la somme de leurs regards sur un monde mouvant, la cristallisation de leur volonté de changer les choses.

L'âge industriel, dont nous sortons, s'est forgé autour du ressort du progrès. Dans la connaissance comme dans l'action, les hommes se sont plongés dans une course effrénée à l'accumulation et au changement. Après des millénaires de stabilité dans un temps clos où demain n'était que l'éternel retour d'hier au rythme lent des saisons, la modernité inverse tout à coup les valeurs, s'engouffrant dans les brèches ouvertes par le Moyen Age occidental. Le neuf triomphe de l'ancien, du seul fait de sa nouveauté. S'il est célébré, c'est au nom de sa propre mesure, l'efficacité. Le progrès, dans l'imaginaire techniciste et matériel créé par la révolution scientifique européenne du XVIIe siècle, n'est pas seulement un principe ou un mécanisme instrumental dont l'homme aurait appris à se servir, mais une carte mentale, une boussole qui guide les individus, presque une foi, concurrente de la religion. Nos attentes et nos perceptions du temps sont soumises au diktat du renouveau permanent. Les produits se succèdent les uns aux autres, avec des performances toujours augmentées. Longtemps, l'idée du progrès nous a structurés et rassurés. Elle nourrissait l'espoir d'une santé perpétuelle promise par les découvertes de la médecine, ou d'une humanité délivrée de la faim grâce aux inventions de l'agronomie.

Le bonheur était l'horizon commun, salut promis par les Lumières et justification des luttes politiques et sociales. Mobile des individus et garantie de la cohésion des sociétés, il permettait de marier les intérêts particuliers et l'intérêt général.

Mais, depuis un demi-siècle, l'union entre le progrès et le bonheur s'est délitée. Le progrès est miné par la menace d'armements meurtriers, par la violence d'idéologies totalitaires qui le portaient aux nues et par les dangers de la pollution. Quant au bonheur, il ressemble de plus en plus à un puits sans fond où chaque avancée crée autant de frustration que de rancœur. De nouvelles valeurs doivent prendre le relais.

Face au basculement du monde, la justice est seule apte à rétablir l'équilibre. Pourquoi lui conférer cette mission? Parce que les grands principes qui fondent notre pacte commun, repris dans les Déclarations des droits de l'homme, tels que la liberté et l'égalité, ne sont sans elle que des notions vaines et des mots désincarnés.

La justice appelle une nouvelle ère de la démocratie, plus concrète, mais aussi plus complexe.

L'enjeu premier est la reconnaissance de chacun pour lui permettre de trouver une juste place au sein de la société, grâce au dépassement des contradictions des deux périodes précédentes : l'homme médiéval, enfermé dans les contraintes du lignage et de la communauté, devait s'accommoder d'une existence figée. Différents droits s'attachaient à différents statuts certes, mais l'individu n'existait pas. C'était un monde encastré. A l'âge industriel, l'homme moderne triomphe et se défait peu à peu de l'ensemble des attaches juridiques, économiques et sociales qui l'enserraient pour se faire individu. Il y perd même les solidarités protectrices, mais, peu importe, puisque, en lui repose, dorénavant, toute la légitimité. Cet individu souverain s'est abîmé dans l'isolement des masses et des foules. Il a donné naissance à la démocratie libérale, mais il a aussi laissé prospérer, dans son désarroi, les totalitarismes. Il faut donc éviter l'étouffement autant que la désagrégation, le corset des traditionalismes autant que la compétition de tous avec tous, l'holisme autant que l'individualisme. Le respect de la liberté et de la dignité de chaque homme constitue la clé de tout équilibre. L'affirmation des identités est aujourd'hui une réalité mondiale. Elle repose sur la soif de reconnaissance.

La réconciliation des hommes entre eux signe l'autre défi de la démocratie moderne. Après un siècle marqué par les guerres civiles permanentes, par les violences politiques les plus cruelles, telles que l'humanité n'en avait encore jamais connu, de nombreuses sociétés ont senti que l'unité était un bien fondamental. Dans les vingt dernières années, bien des pays ont connu une transition démocratique, après une longue période de dictature : en Europe méridionale et orientale, en Amérique du Sud, en Asie du Sud-Est et en Afrique.

Le coût de la réconciliation a souvent été l'amnistie et l'oubli légal des crimes des dictatures. Le choix était douloureux : il semblait s'opposer à la règle d'une justice punitive, sanctionnant les actes scélérats. Il correspondait en fait à une autre idée de la justice, plus profonde peut-être, qui fonde la réconciliation sur le pardon et place l'unité à achever au-dessus de la punition du mal accompli. Il n'y a pas de plus haute justice que le pardon, mais celui-ci ne se décrète pas, il s'élabore par un effort commun pour enraciner la démocratie et l'avenir de la nation. Il reflète un désir de paix. C'est le travail qu'ont accompli les commissions de Vérité et de Réconciliation, en Afrique du Sud entre 1996 et 1998, quelques années après la fin de l'apartheid, et au Chili, au sortir de la dictature du général Pinochet.

Dans les sociétés développées, la demande d'un ordre juste est devenue pressante. Les stabilités du passé, fondées sur un corps civique indiscriminé et la soumission à l'ordre légal, ont laissé place à une flambée des revendications d'existence et de légitimité de groupes de populations ressentant une appartenance commune.

Les démocraties sont déjà passées à un nouveau stade, lentement et par glissements successifs à partir de la fin de la Seconde Guerre mondiale. L'émancipation de l'individu de toutes les tutelles sociales est, paradoxalement, devenue un instrument de vivification des appartenances de groupes, signe entre mille d'une recherche de nouvelles solidarités. Le féminisme a, par exemple, mis en lumière les failles de l'abstraction démocratique qui ne créait pas d'égalité réelle entre les sexes. Les revendications des homosexuels s'appuyaient sur les promesses inaccomplies des libertés individuelles. Les minorités culturelles ont cessé de voir dans l'assimilation la garantie de l'égalité. Elles demandent la prise en compte légitime de leurs différences et réclament, à bon droit, l'égalité des chances contre des discriminations que la simple théorie démocratique ne parvenait pas à combattre. Nous sommes de fait entrés dans le temps des démocraties de la diversité. Légitimes dans la quête de reconnaissance des identités, elles sont cependant lourdes d'une dérive communautariste qu'il faut conjurer.

Le risque est aujourd'hui réel. Risque de repli communautaire sur les identités partielles ou déni des différences dans un modèle abstrait.

La justice est le seul chemin. Les Etats-Unis de Barack Obama, s'ils ne peuvent résoudre en quelques mois des décennies de renfermement, ont montré leur volonté d'assumer le dépassement dans une démocratie « postraciale », dont le discours de Philadelphie est demeuré emblématique.

Changeons d'échelle. Fragilisée aujourd'hui par la mondialisation, l'identité reste bien le principal facteur d'organisation de la paix et de la sécurité, nous le voyons dans la succession des conflits qui secouent la planète. Elle recouvre plusieurs facettes : le sentiment de soi, la connaissance de l'autre, l'acceptation de son devenir. L'appréhension de l'identité passe nécessairement par la reconnaissance des similitudes. Mais celles-ci ne supposent aucune essentialisation, biologique ou culturelle, de l'identité. Chaque individu partage avec un certain nombre d'autres une série d'expériences, de croyances, de paysages vus, d'institutions fréquentées.

Les dogmes du XXe siècle ont longtemps fait de l'extirpation des « signes d'arriération » une condition de l'accès à la modernité, au bonheur – société sans classes ou ère de la consommation de masse. Dans ce maelström, l'histoire immobile des siècles passés était ridiculisée et reniée. La modernisation des esprits par déracinement du sentiment religieux et de la culture traditionnelle dans l'Ethiopie de Mengistu ou dans le Kampuchéa démocratique de Pol Pot a mené, par retour de bâton, à une valorisation excessive des traditionalismes, chez les talibans afghans ou les milices somaliennes, et à une résurgence des nationalismes en ex-Yougoslavie.

L'acceptation de soi et de la solidarité avec les siens passe par des idées autant que par des actes : voir l'histoire de son peuple et de son pays enseignée d'une façon équilibrée, qui ne soit ni héroïsante, ni dépréciative; vivre au quotidien les solidarités collectives nées de la redistribution des richesses ou des échanges économiques. Identité culturelle autant que sociale, politique et économique.

Le désir de justice est universel, tant son aspiration réside au cœur de l'homme.

Pas une seule civilisation qui ne place au centre de son ordre social, explicitement ou implicitement, la distribution des bienfaits de la vie aux uns et aux autres, en fonction de leurs capacités, de leurs statuts ou de leurs besoins. Sous des formes chaque fois changeantes, elle est à la base de la morale confucéenne, aujourd'hui renouvelée et repensée, ou de la cosmologie hindouiste brahmanique. Elle est l'hôte des « sociétés chaudes » comme des « sociétés froides », c'est-à-dire de celles qui s'inscrivent dans une logique de changement et de transformation interne et de celles qui n'ont pour but que leur propre reproduction sociale. Elle n'est ni du Nord, ni du Sud. Comment une valeur commune peut-elle donc conduire à une action commune ?

La nature en partage

Un nouvel équilibre peut être trouvé dans la gestion des relations entre l'homme et son environnement. Les civilisations asiatiques ont eu pour berceau les vallées de grands fleuves capricieux, fleuve Jaune, Gange, Mékong, Irrawaddy, nés dans le château d'eau de l'Himalaya. Ces « civilisations hydrauliques » ont appris l'action collective dans la double gestion de ressources à partager sans les épuiser – l'irrigation – et de réserves porteuses de dangers immenses – les crues meurtrières. La Chine place ainsi le Souverain Yu le Grand, maître des eaux et de ses travaux, à l'origine même de son histoire. Il est donc naturel que ces pays émergents aient plus que leur mot à dire dans l'élaboration de mécanismes internationaux. Cela suppose qu'ils reviennent à la sagesse et se détournent d'un modèle de consommation énergétique et environnementale qui n'est pas soutenable à l'échelle planétaire.

Les peuples de l'Afrique subsaharienne ont développé un lien traditionnel avec l'environnement. Sociétés historiquement « écocentrées » dans lesquelles – avant la colonisation et ses conséquences – l'harmonie des relations des communautés avec leur environnement était primordiale, la nature n'y étant pas conçue comme une ressource mais comme un partenaire à ménager. Cette approche respectueuse doit offrir un cadre aux économies en voie de modernisation. L'Afrique s'est engagée dans la mondialisation culturelle. Elle prend conscience de sa créativité, de sa jeunesse, de son originalité. L'Afrique est de retour. Après avoir été la voix manquante du monde, elle pourrait à l'avenir inspirer les nouveaux équilibres entre le profane et le sacré, entre les échanges humains et les transferts de biens.

Urgence oblige. Le réchauffement climatique a longtemps été un bruit de fond auquel les opinions publiques prêtaient une attention distraite. Aujourd'hui les constats alarmistes se multiplient. Un consensus émerge. Il y a un réchauffement climatique d'origine anthropique, lié à l'émission de gaz à effet de serre. Les travaux du Groupement international d'experts sur le climat (GIEC) ont eu le mérite de dresser un constat et de donner des perspectives réalistes pour les prochaines décennies. Si le modèle d'émission de gaz à effet de serre de 2000 est maintenu, en 2010, le réchauffement de la décennie aura été de 0,6 °C à l'échelle planétaire. C'est l'équivalent du changement de température du dernier siècle.

Ensuite, il faut faire varier les paramètres : mise en place de politiques de réduction d'émission de gaz carbonique, régulation de la consommation énergétique, limitation de la déforestation pour rétrécir la fourchette du réchauffement qui nous attend au XXIe siècle. La limite basse semble être de +1,8 °C dans le cas d'une politique active et de progrès technologiques et jusqu'à + 5,6 °C si les efforts de réduction devaient rester insuffisants.

Cette variation si abrupte bouleverserait les grands équilibres et mènerait nécessairement à des ajustements colossaux pour les sociétés humaines. Les dérèglements augmenteraient probablement les accidents climatiques, les cyclones en particulier. La conséquence principale du réchauffement serait l'élévation du niveau des mers par fonte des calottes glaciaires polaires. Il s'est déjà élevé de 2 millimètres en cent ans et progresse aujourd'hui plus rapidement encore que prévu. Or les sociétés se sont fixées surtout dans les zones littorales. Les densités humaines y ont été, à toutes les époques, les plus grandes. C'est à proximité des mers et des océans qu'ont crû les mégapoles. La mondialisation les a encore fait grossir. Le risque n'en devient que plus grand.

Les stratégies cohérentes et massives à mettre en œuvre pour limiter les dégradations devraient coûter environ 2,5 points du PIB. Si rien n'est fait, le rapport Sterns sur les conséquences du réchauffement climatique table sur un coût de 5 500 milliards de dollars en dix ans, soit un dixième du PIB mondial.

Une révolution des mentalités et des institutions est déjà amorcée. Le protocole de Kyoto, entamé en 1992 et ratifié en 1997, a marqué une étape importante de cette prise de conscience de la nécessité d'une gestion multilatérale des enjeux environnementaux. Il innove en la matière parce qu'il est à la fois concret, réaliste et progressif. Concret, il porte sur des accords de réduction des gaz à effet de serre et fixe à l'horizon de 2012 un objectif de réduction pour le gaz carbonique. Les mécanismes mis en œuvre sont réalistes parce qu'ils évitent les limitations autoritaires et réglementaires au profit de logiques contractuelles et négociées. Des permis d'émission négociés (PEN) permettent à chaque pays de gérer ses besoins propres en émissions dans le cadre d'une discipline collective. Enfin, il est progressif dans la mesure où il permet l'implication ultérieure de nouveaux pays afin de bâtir un consensus graduel. Les pays signataires deviennent toujours plus nombreux. L'Australie l'a ratifié en 2008, la Turquie en 2009. Un effet boule de neige peut donc être espéré si la logique à courte vue des égoïsmes nationaux cède à l'impératif des responsabilités partagées au profit de tous.

Mais rien ne peut être résolu sans un accord entre pays du Nord et pays du Sud sur le partage équitable du financement. Ces derniers considèrent des restrictions mécaniques comme injustes parce qu'elles ne tiennent compte ni de l'écart des responsabilités accumulées ni de la nécessité du rattrapage économique. C'est le principal risque d'échec, qui plus est dans un monde happé par la crise économique et la tentation du chacun pour soi : il ne faut pas que les pays du Sud puissent dire que le contrôle mondial des émissions de gaz à effet de serre constitue le dernier avatar de la domination occidentale qui impose au monde des restrictions pour des dégâts dont elle est seule responsable. Les clauses d'aide aux pays en voie de développement dans le protocole de Kyoto, avec les mécanismes de développement propre permettant de compenser des émissions de carbone au Nord par des investissements verts au Sud, répondent à une vraie exigence de justice.

Les défis primordiaux

D'autres défis nous attendent, dont l'urgence n'est pas moindre. Il faut tenter d'enrayer la triple tragédie humaine de la pauvreté, de la maladie et de la faim, aux causes croisées et communes.

Pour la première fois, un consensus s'opère : les causes de la pauvreté ne sauraient se réduire à l'avarice de la nature ou à la malédiction divine, mais résultent d'un ensemble complexe de responsabilités humaines. Même si, dix ans plus tard, les résultats ne s'élèvent pas à la hauteur de nos espoirs, les objectifs du millénaire pour le développement, adoptés par l'ONU en l'an 2000, amorcent une démarche nouvelle et crédible pour vaincre la pauvreté, en améliorant le niveau d'éducation, en favorisant l'accès à l'eau potable et en luttant contre les grandes pandémies.

La justice authentique, la justice réparatrice, exige que chacun contribue selon ses forces à l'intérêt général, en réhabilitant la règle et la distribution de l'effort. La création d'un lieu d'arbitrage serein est toujours préférable à l'imposition d'une autorité coercitive dont la rigidité fait fuir les contractants. Il s'agit non pas de briser mais de réorienter et de canaliser les énergies. Le Nouveau partenariat pour le développement africain (NEPAD), conclu sous l'égide de l'Union Africaine, est exemplaire des mécanismes originaux qui avancent par projets et par compétences, ciblant l'échelon le plus adapté au règlement des difficultés.

Au même instant, réapparaît le spectre de la pandémie. Dans toutes les civilisations, bacilles et virus ont accablé les peuples. Pestes, choléra, typhus ont, par le passé, infléchi le cours de l'histoire de l'Europe. Aujourd'hui les coûts humains sont insupportables pour les sociétés africaines les plus touchées. Dans quelques années, le sida privera l'Afrique de neuf années d'espérance de vie et d'une part importante de sa main-d'œuvre la plus productive. Ces grandes maladies, avec les peurs qu'elles font surgir, sont des sources d'instabilité familiale, sociale et politique à l'intérieur même des Etats, en particulier ceux qui ont les taux de prévalence les plus élevés, en Afrique australe.

Le scandale de la faim est une tache pour le monde « civilisé » emporté par ses gaspillages.

Près d'un milliard d'humains connaissent la famine et la malnutrition aujourd'hui. Aucune solution ne peut être trouvée sans une vue d'ensemble des enjeux de l'agriculture. Le préalable serait de reconnaître un droit fondamental pour tous les hommes de manger à leur faim. Mais on ne nourrit pas par décret. Les expériences désastreuses des famines d'Ukraine dans la Russie stalinienne et des millions de morts chinois au cours du Grand Bond en avant maoïste en sont la preuve.

Nourrir est le fondement premier du pacte social, l'enjeu de la division internationale du travail qui n'a été vue par les économistes que comme un phénomène commercial, mesurable et contrôlable. Or toute division du travail fonde un ordre social à l'échelle de ces échanges. L'agriculture s'est mondialisée. Les circuits de production et d'approvisionnement se sont étendus. Les agricultures intensives d'Europe et d'Amérique ont entraîné une baisse des prix céréaliers qui a permis de faire vivre, tant bien que mal, une partie de l'humanité et de la détourner de l'autosuffisance de ses champs pour l'orienter vers l'exode rural et la production manufacturière. La désorganisation des sociétés locales qui en a découlé a aggravé les effets de la famine.

L'agriculture commerciale des pays du Sud subissait de plein fouet la concurrence et se montrait incapable de rivaliser. Les agricultures du Sud ont été mises à la merci de celles, plus efficaces et par ailleurs subventionnées, du Nord. La véritable justice ne consiste donc pas à comprimer les prix agricoles autant que possible en espérant nourrir à bas prix toute l'humanité.

Permettre une contribution de tous les systèmes productifs et harmoniser toutes les consommations, voilà la clé. Briser l'hégémonie du marché dans le domaine agricole est nécessaire. En ce domaine comme en d'autres, les illusions du passé sont riches d'enseignements. Les physiocrates du XVIIIe siècle attendaient la prospérité des nations du libre-échange des grains. Ils avaient raison en théorie. A terme, le commerce permettait le développement d'un marché national qui lissait les hausses de prix locales liées aux accidents climatiques. Mais ils n'avaient pas anticipé les effets pervers de la transition. Lorsque Turgot décrète le libre commerce du grain en 1774, la France doit faire face à une crise grave qui donne naissance à la guerre des Farines de 1775. La levée des barrières intérieures a favorisé la spéculation et, en partie, désorganisé les systèmes de production locaux.

Deux leçons peuvent en être tirées : la liberté commerciale permet, à terme, une homogénéisation qui garantit la satisfaction des populations. Pour autant, le libre commerce est une source de déséquilibres qui touche les fondements de l'ordre social et génère des révoltes. Il y a donc un intérêt supérieur à accompagner les changements par une réglementation adéquate et progressive.

Aujourd'hui la réforme de la Politique agricole commune (PAC) constitue un défi. Pour la France, car il s'agit d'inscrire dans la durée une refonte des liens entre la société et son agriculture ; pour l'Europe, car c'est un enjeu d'équité entre les pays membres de l'Union ; pour le monde, car les équilibres entre les agricultures du Nord et du Sud dépendent des signaux donnés par la PAC.

Partout, l'agriculture demeure un élément stratégique de la cohésion des sociétés. Cela ne signifie pas la promotion de l'autosuffisance de tous les territoires, qui n'est pas réalisable, mais la préservation d'un équilibre entre production intérieure et approvisionnement extérieur. La faim ne sera pas combattue par la fourniture de nourritures à bas coût, qui ne crée que des dépendances, des circuits mal ajustés et des rancœurs. Elle ne sera pas vaincue seulement par les révolutions vertes de l'avenir qui produiraient, tout à coup, de façon presque gratuite : les contraintes sont trop fortes avec l'épuisement des meilleurs sols, la stagnation de la surface agricole utile mondiale et la modification des consommations. Sa réduction drastique passe par une harmonisation mondiale dans la production et la consommation agricoles. Des accords multilatéraux sous l'égide de l'ONU et grâce à l'expertise de l'Organisation des Nations unies pour l'alimentation et l'agriculture (FAO) peuvent seuls permettre de trouver des équilibres dynamiques favorisant le développement rural.

Vers une gouvernance mondiale

Faire face à ces défis impose d'avancer toujours dans le respect de la légitimité et du droit, vers une gouvernance mondiale. S'il n'y a pas de justice sans droit, celui-ci n'est qu'un reflet des rapports de force qui le sous-tendent.

Pendant longtemps le droit des gens fut un agrégat mêlant des principes et des idéaux désincarnés. Depuis le début du XXe siècle, les normes internationales liant les Etats contractants se multiplient. Ils sont presque tous enserrés dans un ensemble d'obligations, de traités et de protocoles internationaux. Jusqu'aux cinquante dernières années, ce droit ne contraignait que les Etats. Ils pouvaient s'en délier unilatéralement. Seules les chancelleries maîtrisaient les arcanes de cette complexité grandissante. Pourtant, désormais des traités internationaux sont directement applicables et peuvent être invoqués par le citoyen auprès des juridictions nationales. Cela entraîne un enchevêtrement croissant des droits nationaux et supranationaux et la constitution progressive d'un ordre juridique international.

Dans le domaine pénal, le droit international a fait des incursions spectaculaires répondant aux aspirations croissantes à une morale commune. Depuis Nuremberg, création juridictionnelle *ad hoc* face au casse-tête de la mise en cohérence des traditions juridiques des quatre vainqueurs, est établie l'existence de crimes internationalement définis, crimes de guerre et crimes contre l'humanité. La notion de génocide fut ainsi le fruit juridique de la victoire contre le nazisme en 1945.

Le droit pénal international est ensuite longtemps resté en veilleuse. Depuis les années quatre-vingt-dix, son renouveau est manifeste avec la création de juridictions pénales internationales ou l'émergence d'une compétence pénale internationale de juridictions nationales, comme en Belgique. Désormais, il doit être répondu de crimes de guerre et de crimes contre l'humanité. Il s'agit le plus souvent de tribunaux créés spécialement pour répondre à un drame national : Tribunal pénal international pour l'ex-Yougoslavie, pour le Liberia et la Sierra Leone, pour le Rwanda. Plus récemment, la création d'une juridiction permanente a marqué une étape décisive : la Cour pénale internationale siège à La Haye depuis 2002. Certes, son action se trouve affaiblie par la non-ratification de son traité fondateur par les Etats-Unis, la Chine et l'Inde. Toutefois, cent quatre Etats l'ont déjà adopté : la volonté supérieure de justice s'est ainsi traduite en droit.

Le risque existe toujours de céder à une vision trop technicienne de la justice. Les institutions internationales donnent facilement le sentiment de se perdre dans les arguties, la procédure et les expertises. Il ne sert à rien de noircir des volumes entiers de règlements tatillons. Le droit international n'est efficace que s'il repose sur des principes simples et reconnus de tous. D'un droit international d'inspiration profondément occidentale, né du droit romain et du droit des gens après les traités de Westphalie de 1648, on doit passer à un droit d'inspiration universelle lié à l'avènement d'un nouvel ordre mondial.

Pour autant, il ne saurait tenir lieu de politique. Il ne doit pas monopoliser l'action au nom d'une morale absolue. La justice, par exemple, ne sait pas se charger efficacement de l'urgence. Il lui faut du temps. Elle n'est pas non plus en mesure d'accepter des compromis pour plus d'efficacité. L'action de la Cour pénale internationale ne peut se substituer à celle des Nations unies sans susciter rejets et suspicions comme en témoignent les vicissitudes de la procédure lancée contre le président soudanais.

La recherche d'un intérêt général commun à tous les hommes oblige à des réformes et à des arbitrages. L'expérience montre que le compromis ne s'impose jamais spontanément. Il lui faut des médiateurs, des facilitateurs, des avocats pour relayer l'opinion publique.

La multipolarité d'aujourd'hui exige la mise en œuvre concrète du multilatéralisme. Réussir la transition des hégémonies passées à l'équilibre futur suppose de mener de front deux ambitions complémentaires : la construction d'une gouvernance et l'élaboration d'une démocratie mondiales.

Les fondements d'une nouvelle gouvernance existent bien. L'ONU en constitue la clé de voûte, en dépit de ses manquements et de ses défaillances. On ne peut se passer ni de sa crédibilité ni de son autorité morale. Mais elle ne peut continuer sans une profonde remise en question, afin de devenir le lieu de la légitimité, du dialogue et du droit.

L'ONU est le produit d'un dépassement de l'ordre westphalien né de la guerre de Trente Ans. L'« anarchie internationale » désignait alors une sorte d'état de nature hobbesien régi par les rapports de force. Ces Etats étaient pleinement souverains, « empereurs en leur royaume ». Ils étaient libres d'assouvir leurs intérêts, par la guerre et la diplomatie. Pendant cinq siècles, l'Etat a été seul dépositaire de la légitimité, avant de consentir, après la Première Guerre mondiale, à des premiers abandons de souveraineté au profit d'organismes multilatéraux.

Au XXe siècle, on a pu entrevoir les balbutiements de l'idéalisme cosmopolitique issu des Lumières. La SDN puis l'ONU se voulaient les instruments néo-kantiens de la « paix perpétuelle ». L'harmonisation des Etats en une libre association garantissait à la fois la liberté de chacun et la paix pour tous. Avec les Quatorze

Points de Woodrow Wilson, le courant idéaliste s'est structuré autour d'une plate-forme politique promouvant une diplomatie transparente et multilatérale, dans un cadre institutionnel permanent, fondé sur le principe de l'autodétermination des peuples et la croyance dans les vertus du libre-échange. Le projet libéral se dotait d'une cohérence globale.

La Société des Nations en fut le résultat, mais son père ne put la porter sur les fonts baptismaux. Prônant le retour à l'isolationnisme, le Congrès républicain refusa de s'engager au sein d'une institution supranationale. La Société des Nations genevoise était ainsi fragilisée dès sa naissance. Elle connut certes quelques succès dans les années vingt, jusqu'à l'adhésion de l'Allemagne. Puis les échecs prirent le dessus et se multiplièrent : Ethiopie, Mandchourie, Espagne, Autriche, Tchécoslovaquie.

L'ONU née de la charte de San Francisco, en 1945, partageait le fonds idéaliste de la Société des Nations. Elle en différait pourtant par le réalisme accru des mécanismes, à l'image du droit de veto conféré aux cinq membres du Conseil de sécurité, mais également par ses agences spécialisées qui ont su, progressivement, s'imposer dans leur domaine de compétence : Agence internationale de l'énergie atomique (AIEA) et Organisation mondiale de la santé (OMS) par exemple. Cependant, l'ONU fut rapidement tétanisée par l'antagonisme de la guerre froide. Les vetos soviétiques et américains empêchaient toute intervention, en dehors de quelques rares intérêts convergents. Après 1989, tout le monde crut en un renouveau. La déconvenue n'en fut que plus grande. Les crises successives donnèrent lieu à des atermoiements, en ex-Yougoslavie, ou à des demi-mesures, au Rwanda.

Mais c'était omettre le fait que la puissance des Etats s'affaissait peu à peu sous l'effet de la mondialisation. Des acteurs transnationaux de premier plan ont émergé, firmes multinationales et organisations non gouvernementales en particulier. Les moyens d'action des grandes multinationales dépassent souvent ceux de bien des Etats. La légitimité est aujourd'hui à facettes. Celle de la gouvernance mondiale ne peut se reconstruire que sur la représentation équitable de toutes les cultures, l'accueil de tous les pôles de puissance, sans volonté d'hégémonie.

Une réforme politique de l'ONU est indispensable, tous les acteurs le reconnaissent. Malheureusement, l'accord se limite pour le moment à ce constat. Les premières tentatives initiées en 2005 ont échoué. Si les modalités sont difficiles à mettre au point, on peut néanmoins s'accorder sur quelques principes. Ainsi faut-il disposer de plus de membres permanents au Conseil de sécurité, un au moins, pour chaque continent. Le Brésil, le Japon, l'Inde, l'Allemagne, le Nigeria ou l'Afrique du Sud pour l'Afrique, sont des candidats sérieux. Sans doute faudrait-il également admettre un pays représentant du monde arabe, l'Egypte par exemple. Bien sûr, chacun de ces choix ne va pas sans des rivalités régionales et des oppositions nombreuses.

Appuyons-nous sur la dynamique du dialogue engagé par Kofi Annan, à l'occasion de grandes conférences mondiales sur la démographie, au Caire, sur le développement durable, à Johannesburg et sur le racisme, à Durban, en dépit des surenchères auquel donna lieu cette dernière. Elles ont favorisé l'émergence d'une conscience commune, relayée par des groupes et des organisations capables de faire pression sur les gouvernements.

La légitimité des Nations unies demande à être renforcée par des liens accrus de l'Assemblée générale avec le Conseil de sécurité, voire par l'appui d'une nouvelle Chambre représentant les populations mondiales, les délégations des différents Etats pouvant être désignées par élection ou nomination suivant des modalités dépendant de chacun d'eux. C'est sur ce modèle que la Communauté européenne du charbon et de l'acier (CECA) a su créer une opinion publique et une volonté générale européennes. L'émulation entre les deux cénacles pourrait permettre d'apporter un soutien plus efficace aux actions du Conseil de sécurité.

Les secousses du monde ont toujours imposé de construire, pierre après pierre, une gouvernance mondiale : l'ordre westphalien, né de la saignée de la guerre de Trente Ans ; la Société des Nations, impensable sans l'épreuve des tranchées ; l'étalon de change or, issu des dérives inflationnistes de l'après-guerre ; l'ONU, des horreurs de la Seconde Guerre mondiale ; les institutions de Bretton Woods, héritières de la Grande Dépression de 1929. Les crises de 2008 exigent des réponses à la même hauteur.

L'urgence et la durée

Le nouveau monde ne sera pas jugé sur la lettre de ses principes, mais sur ses actes et sur ses résultats. Une gouvernance juste mais impuissante signerait la ruine immédiate de la cité-monde. Il faut donc placer les moyens d'action au cœur d'une réforme des structures internationales, en la bâtissant sur les quatre priorités de l'intérêt général mondial : la stabilité économique, la sécurité collective, la préservation de la planète et la réduction de la pauvreté.

L'illusion d'hier est aujourd'hui devenue nécessité. Trente ans de doctrine néolibérale avaient laissé croire qu'il existait un marché mondial autorégulé. En fait, il n'était que la juxtaposition de marchés nationaux rendus possibles par l'existence de forces publiques garantes de la sécurité. L'économie ne prospère pas sur l'anarchie. Une régulation mondiale des circuits financiers fait désormais l'unanimité et il ne faut pas gâcher cette occasion de coopération que nous offre l'effondrement du système bancaire.

La concertation internationale, avec les premier pas du G20, doit répondre à l'urgence et non se contenter de simples promesses. Le sauvetage des banques par la gestion adéquate des actifs toxiques n'a de sens que si les pays, les gouvernements et les banques centrales coordonnent leurs efforts aussi étroitement que les institutions financières se sont échangé ces titres douteux par le passé. De même pour la relance des économies qui nécessite de trouver un relais aux seuls consommateurs américains, malades de l'excès de crédit.

Au-delà de l'immédiat, il faut penser à jeter les bases d'une gouvernance économique mondiale. Pour cela, une architecture, des principes et des moyens sont nécessaires. Le nouvel ordre doit avant tout reposer sur une régulation plus forte du système financier international. Des décisions essentielles en découlent, concernant les paradis fiscaux, le contrôle des agences de notation ou les normes de comptabilité.

Cette nouvelle gouvernance doit aussi remédier à l'instabilité monétaire fondamentale dans laquelle nous vivons. Depuis 1971, avec la fin de la convertibilité-or du dollar, le monde est soumis à deux règles qui, combinées l'une à l'autre, ont accru démesurément les risques. La première, c'est le système des changes flottants. Tous les jours, les cambistes arbitrent une monnaie contre une autre, une politique économique contre une autre, un taux d'intérêt contre un autre. Cette première règle du jeu pourrait être séduisante, parce qu'elle porte en elle des éléments forts de correction des déséquilibres mondiaux, si elle n'était pas contredite par une autre règle tout aussi forte, la domination du dollar. La domination du dollar est le résultat de facteurs objectifs, et notamment de la taille du marché américain et de l'exceptionnel dynamisme de son économie, et de facteurs purement politiques, conduisant *in fine* à remplir les banques centrales de dollars.

Formulé de manière schématique, le choix qui s'ouvre à nous est donc simple : veut-on préserver un système de changes flottants, mais sans monnaie dominante, ou décide-t-on de définir une nouvelle monnaie de référence, plus proche de l'économie réelle ? Une monnaie de compte mondiale, à partir des droits de tirage spéciaux du FMI, pourrait servir directement aux transactions privées internationales et irriguer les circuits du crédit. Sa valeur serait fondée sur un panier des principales devises en ajustant sans cesse leurs fluctuations réciproques et leurs poids relatifs. C'est la seule unité de compte équitable aujourd'hui, capable de contrebalancer les grands déséquilibres et d'inciter tous les acteurs à la vertu.

Davantage de règles, c'est aussi un ensemble d'institutions mieux armées pour les mettre en œuvre Une réforme du FMI et de la Banque mondiale, pour en élargir le rôle, apparaît indispensable aujourd'hui pour les adapter aux nouvelles réalités et aux nouveaux défis. L'organisation des droits de vote au FMI, en fonction des quotes-parts des dépôts respectifs, à la manière d'un syndicat de copropriété mondial, reflète le monde dépassé de l'après-guerre. Il faut donner plus de place aux économies émergentes et instituer des mécanismes de souplesse permettant une adaptation en temps réel des institutions aux grands changements. Ce FMI renouvelé serait plus légitime et efficace encore, s'il coordonnait son action avec un Conseil de sécurité économique au sein des Nations unies dont la légitimité peut seule étayer les efforts actuels.

A Londres, le G20 a été efficace parce qu'il représente 90 % de l'économie mondiale avec un nombre limité d'acteurs autour d'une même table. Mais il n'a pas les moyens d'accompagner l'action dans la durée, dépourvu de Secrétariat permanent et laissant de côté un tiers de la population du monde. L'action ne sera pas pérenne tant qu'elle ne sera pas encadrée par une instance légitime et permanente comme un Conseil de sécurité économique, doté de moyens d'action en urgence et d'une capacité de saisine pour les crises économiques locales ou régionales. Le Conseil de stabilité financière créé à la conférence de Londres en avril 2009 devra être doté de véritables compétences et d'un pouvoir de contrainte dans les domaines de l'alerte précoce des crises et de la supervision des autorités nationales de régulation financière.

Si nous sommes capables de mener les réformes économiques nécessaires, un cycle vertueux pourra être enclenché, concrétisant enfin l'aspiration à une plus grande justice mondiale.

Le libre jeu des intérêts suffit à faire surgir l'intérêt commun, entend-on encore. Mais de quel intérêt parle-t-on ? Laissé à ses propres forces, l'ordre économique qui émergerait ne serait pas à l'avantage de tous. Nous ne pouvons accepter de nous acheminer vers un duopole mondial, une « Chimérique » qui viserait à préserver les seuls intérêts des deux rives du Pacifique. Le risque existe, cependant, parce qu'il offre la stabilité aux deux partenaires inattendus de ce Yalta économique. Aux Etats-Unis, la préservation de leur rôle de consommateur en dernier ressort, ou en tout cas un atterrissage en douceur, au prix de l'hyperendettement, la garantie de la stabilité et de la prééminence du dollar dans les échanges internationaux et la conservation de leur emprise sur une moitié occidentale du globe. Aux Chinois, l'accord promettrait le maintien de leur croissance extravertie, fondée sur une sous-évaluation du yuan, une stabilité sociale et politique achetée par la croissance et le retardement de l'ouverture complexe de leur marché intérieur, verrouillé par une hyperépargne de précaution. Ce serait l'exemple même d'un intérêt dominant, à rebours de l'intérêt général mondial. Celui-ci doit être dégagé par l'ensemble des acteurs et s'appuyer sur un principe d'équité entre pays en voie de développement, pays émergents et pays développés.

L'architecture de la paix

La sécurité constitue le deuxième grand domaine d'intervention qui relève de l'organisation internationale parce que les Etats seuls n'atteignent plus les niveaux de puissance et de vision qui leur permettent de résoudre les problèmes dans l'intérêt de tous. La lutte contre la prolifération et le désarmement ne peuvent être que le résultat de négociations multilatérales, englobant les intérêts vitaux de tous les acteurs et pas seulement des principales puissances. Ainsi, pour renégocier le traité de non-prolifération, il est nécessaire d'adopter une démarche réaliste qui tienne compte de l'existence effective de l'arme nucléaire dans un certain nombre de pays comme l'Inde, le Pakistan et Israël. Il est tout aussi utile de passer d'une adhésion facultative à une participation découlant naturellement de l'admission dans la communauté internationale, sans quoi les problèmes de « passagers clandestins », entrant et sortant du traité, selon leurs besoins du moment, ne pourront pas être résolus.

La non-prolifération est liée à la reprise des efforts de désarmement, qui ont marqué le pas depuis la fin de la guerre froide et l'accord historique de réduction des armements stratégiques START de 1991, entre George Bush et Mikhaïl Gorbatchev. Aujourd'hui, un nouveau consensus se fait jour autour de la logique du « zéro global » c'est-à-dire de la destruction de l'ensemble des arsenaux nucléaires. C'est une perspective salutaire à laquelle il faut naturellement contribuer, mais seulement à condition que la négociation ne soit pas un instrument servant aux principaux détenteurs d'armes nucléaires – Etats-Unis et Russie – pour préempter le désarmement en leur faveur. Se priver de l'arme nucléaire, à l'heure où la course à la bombe de pays qui demeurent en dehors de la légalité internationale s'accélère, serait irresponsable. Les deux dossiers ne peuvent être traités séparément.

Il faut repenser la sécurité collective. Aujourd'hui, elle est déséquilibrée par le bouleversement des hiérarchies militaires et l'effritement de la suprématie américaine. Elle est aussi désorganisée par la faiblesse des moyens d'intervention collectifs des Nations unies et la force immense accumulée par l'OTAN. Aujourd'hui, nécessité fait loi ; au nom de l'efficacité, l'OTAN se voit déléguer des activités qui ne devraient pas être de son ressort. La logique est pernicieuse car elle vide à terme l'action internationale de sa substance et empêche la montée en puissance des organisations régionales et globales.

Au Darfour par exemple, l'Union africaine s'est impliquée dans le maintien de la paix, mais ne dispose pas encore des capacités techniques pour assumer cette tâche. Elle a demandé le soutien logistique de l'OTAN, pourtant loin de son périmètre. Il faut assurer un transfert réel des compétences de l'OTAN vers l'ONU. A ces fins, l'Alliance doit se libérer de ses cadres idéologiques et se concentrer sur ses réelles compétences opérationnelles. On ne saurait se satisfaire aujourd'hui de l'existant. Serons-nous assez clairvoyants pour réformer la sécurité collective avant que ses failles ne mènent à une explosion catastrophique? Cela suppose beaucoup de volonté, de lucidité et de travail.

A l'échelle internationale, un Pacte de sécurité collective devrait garantir de façon contraignante l'inviolabilité des frontières. Poursuivons dans l'esprit du pacte Briand-Kellogg de 1928 et de la charte des Nations unies afin de « mettre la guerre hors la loi ». Dans le cadre de ce pacte doivent être abordées les questions du désarmement et de la prolifération nucléaire, ainsi que le contrôle international des ventes d'armes.

La préservation de la paix suppose la mise en place d'un directoire spécifique, responsable devant l'Assemblée générale mais capable de prendre des mesures d'urgence pour contenir les violences dans un délai court. Il pourrait s'agir d'un Conseil du maintien de la paix réunissant mensuellement les membres du Conseil de sécurité au niveau des ministres des Affaires étrangères. Il devrait être doté de tous les moyens nécessaires à l'accomplissement de sa mission.

Une force d'intervention permanente pour faire face aux crises est indispensable si l'on veut éviter les coûteux montages actuels qui nécessitent, au coup par coup, négociations et accords des parties. Pourquoi ne pas régionaliser cette force en associant les Etats proches et concernés ? Il importe aussi de revoir le chapitre VI de la charte de San Francisco qui limite la capacité d'engagement des Casques bleus. Les fauteurs de crises connaissent les failles du système et les exploitent effrontément.

Déjà l'ONU a reconnu sa « responsabilité de protéger » des populations en cas d'atteintes graves à la dignité humaine. Mais qui décide et selon quels critères? Jusqu'où peut aller cette responsabilité? L'affaire de l'indépendance du Kosovo, en 2008, a montré l'ampleur des clivages, entre réactions hostiles des Russes et des Chinois, et réticences marquées de nombreux Européens, Espagnols en particulier, face à une légitimation des séparatismes. Aujourd'hui, l'indépendance kosovare fait figure de précédent. La Russie s'en est prévalue lorsqu'elle a reconnu l'indépendance de l'Ossétie et de l'Abkhazie.

Le problème n'est pas seulement juridique, il est aussi matériel et psychologique. Une fois ouverte la boîte de Pandore de l'ingérence, où s'arrêter? Les réclamations surgissent de partout. La communauté internationale n'a pas les moyens d'intervenir sur un grand nombre de champs d'opération. Des réponses graduées sont nécessaires, impliquant des contrôles, des interpositions et établissant des procédures régionales de règlement des conflits sous l'arbitrage des Nations unies.

La légitimité est le fruit de l'efficacité. Mais, en retour, une action globale est impossible sans l'émergence d'une conscience collective de l'unité de notre condition humaine, sans acceptation d'un devenir commun conjuguant l'impératif d'équité avec le respect des identités : le global, le pluriel et le singulier.

La réalisation des objectifs de sécurité suppose de déléguer une part des responsabilités à des organisations régionales de sécurité. Certaines prérogatives pourraient être reconnues à ces organisations, assurant ainsi le transfert des compétences par les Etats. Les missions de maintien de la paix pourraient leur être réservées. Une institution de coordination mondiale de ces organisations régionales serait plus à même d'envisager les défis de défense actuels qu'une conférence des Etats où la disparité des partenaires empêche tout véritable débat. Les Etats préférant rester à l'écart des processus régionaux choisiraient ainsi une relative marginalisation. Les processus de défense régionale sont souvent semés d'obstacles. Ils doivent être progressifs et profiter de toutes les plates-formes de dialogue qui ont émergé ces dernières années, comme le « Dialogue de Shangri La », réunissant des ministres de la Défense asiatiques dans des conférences stratégiques régulières.

En conséquence, les autres organisations devront renoncer à empiéter sur les compétences globales et se restreindre à leurs missions de défense passive. C'est le cas, tout particulièrement, pour l'OTAN.

La justification par l'action

Pourquoi la réforme des Nations unies n'a-t-elle pas abouti ? A-t-elle péché par trop ou trop peu d'ambition ? Le choix oscillait entre de simples aménagements techniques ou une véritable refondation politique qui s'impose à mon sens aujourd'hui. Les crises que nous traversons prouvent assez qu'il faut une gouvernance mondiale, déclinée par domaines. Elle pourrait s'appuyer sur une diversité de conseils à géométrie variable ou, au contraire, s'articuler à partir d'un organe central : le Conseil de sécurité élargi et relégitimé par la présence de nouveaux membres permanents. Cette dernière option aurait l'avantage de la simplicité, le Conseil de sécurité pouvant se tenir mensuellement, à l'échelon ministériel, en Conseil de paix ou en Conseil économique ou encore en Conseil environnemental. Il se réunirait à titre exceptionnel et, au moins, une fois par an, au niveau des chefs d'Etat et de gouvernement. Ces rendez-vous devraient être soigneusement préparés par des secrétariats permanents distincts. Une retransmission télévisée en direct de ces séances permettrait d'assurer l'information de chacun et encouragerait la naissance d'une conscience démocratique mondiale. Dans chacun de ses domaines de compétence, ce Conseil engagerait sa responsabilité.

Sur les questions environnementales, jusqu'ici, les adhésions volontaires et l'émulation ont prévalu. Elles forment le cœur du protocole de Kyoto. Mais devant l'urgence des besoins, peut-on encore se passer de contraintes ? On pourrait envisager des passerelles avec l'Organisation mondiale du commerce (OMC), conditionnant la jouissance des traités multilatéraux au respect des engagements concernant les émissions de gaz à effet de serre. La récente Organisation mondiale de l'environnement (OME) semble prometteuse à condition d'être dotée de capacités d'inspection, à l'image de ce qu'a obtenu l'Agence internationale de l'énergie atomique (AIEA) par le passé.

Les conflits d'usage sur les biens publics mondiaux relèveraient de la compétence des instances multilatérales tout en agissant dans la concertation avec l'ensemble des acteurs nationaux impliqués, en particulier pour la gestion des bassins versants de grands fleuves, en Amérique du Sud, en Afrique ou en Asie et pour la régulation des usages des grandes forêts primaires, en Amazonie, en Afrique équatoriale ou en Asie du Sud-Est.

Sur la question de la pauvreté, les progrès mesureront les efforts entrepris vers une nouvelle gouvernance mondiale. Les enseignements des succès et des échecs récents, depuis les Objectifs du millénaire jusqu'au NEPAD, doivent être mieux pris en compte. Il faut une démarche progressive et par objectifs, associant les échelons international, régional, national et local de façon formelle et systématique. Elle fédèrerait et organiserait l'action caritative existante, à travers des conseils représentatifs, des conférences régulières et une gestion centrale de l'identification des besoins, pour tirer les leçons de la mondialisation de l'action humanitaire et de ses erreurs, le plus souvent commises sous la pression médiatique, comme le tsunami de 2004 l'avait montré.

Poussons plus loin le raisonnement. Tant que l'aide publique au développement relèvera des promesses, la concurrence entre pays conduira, dans la plupart des cas, au moins-disant. De plus, cette logique engendre doublons et gaspillages, interférences politiques et affichages comptables. Les Etats ne sont pas les mieux à même de résoudre ce problème. La création d'un fonds mondial, dévolu à la lutte contre la pauvreté, les grandes épidémies et la faim, pourrait justifier la mise en œuvre d'une fiscalité internationale, assise sur la production globale en fixant par exemple une norme d'un point du PIB mondial réparti en fonction de la capacité des Etats membres des Nations unies.

Sur la question des biens publics mondiaux, l'allocation optimale des ressources ne se fera pas spontanément. Des services publics mondiaux s'imposent. L'accès universel à l'eau potable, à la santé, à l'énergie ou à l'alimentation, nécessite des règles communes. Ce constat vaut également pour le développement du commerce mondial qui doit disposer de normes techniques unifiées, par exemple dans les télécommunications. En laisser la détermination aux industriels, c'est ouvrir la voie aux cartels et aux guerres économiques, comme le montre l'exemple des luttes entre normes VHS et Betamax pour les magnétoscopes dans les années soixante-dix et quatre-vingt. En revanche, quand les Etats interviennent en coordination avec les industriels comme ce fut le cas pour la norme de téléphonie mobile GSM en Europe, en 1982, la norme commune permet de fluidifier le marché et d'en garantir le meilleur accès à tous.

Nulle nécessité pour cela de créer de lourdes bureaucraties qui assureraient la prestation de tous ces services. Il suffirait d'établir des règles, un cahier des charges et des logiques de transfert qui permettent de compenser les surcoûts. A l'image des autorités de régulation indépendantes apparues dans de nombreux pays pour garantir l'efficacité de la distribution d'eau, de télécommunications ou d'énergie, il faut des régulateurs mondiaux, encadrés par un mandat, mais indépendants des enjeux strictement politiques.

L'urgence de la justice

Sur tous les terrains, la justice doit prévaloir, une justice en actes qui relie et qui unit. Elle passe par le renforcement de la coopération internationale et la reconnaissance du multilatéralisme.

5

L'épreuve de la solidarité

Dans notre monde recomposé, l'avenir appartient aux unions de pays et l'intégration régionale est désormais l'échelon où se joue le nouvel ordre international. De sa réussite dépend une multipolarité sereine. On recense aujourd'hui près de deux cents Etats, plus inégaux et divers que jamais, qui rendent indispensable une forme d'articulation intermédiaire pour éviter la cacophonie et l'impuissance. Mais les organisations régionales cheminent sur la corde raide. Elles doivent se défier autant des forces centrifuges qui les mènent à la désagrégation et à la poussière des nationalismes que des forces d'attraction qui les conduisent au raidissement et à l'abandon de leur diversité, au profit de lourdes institutions centrales.

Toutes ces organisations, sur tous les continents, sont amenées à un moment ou un autre de leur histoire à se confronter au dilemme entre fédéralisme et confédération. Or le conflit reste insoluble s'il n'est pas dépassé. Un autre mode de coopération doit être inventé, garantissant solidité, cohérence et ouverture. Solidité, parce que la communauté de destin de l'humanité doit s'appuyer sur ces piliers médians. L'apprentissage de la diversité s'expérimente au plus près, là où sont ressenties des convergences de cultures, d'histoire ou d'intérêts. L'intégration régionale agit sur les Etats qui la composent, assurant leur cohérence par les échanges et la mobilité. Sa finalité n'est pas le repli, mais le dialogue avec les autres niveaux d'organisation régionale, préparant l'émergence d'une vision commune du monde.

L'action conjointe n'existe pas sans un principe fondateur et moteur : la solidarité. Entre les Etats, entre les peuples, entre les citoyens. Tout ce qui relie sert l'intérêt général. Là se porte l'exigence de reconstruction du politique, en revenant aux questions essentielles du pacte social. Voulons-nous vivre ensemble ? Ainsi, après soixante années de difficile cheminement autour d'exigences communes de reconstruction et de réconciliation, y a-t-il encore un intérêt général européen ? Rien n'est moins sûr. Le grave malaise que traverse le continent n'a pas été assumé.

Pionnière et guide de la solidarité, l'Europe doit en retrouver l'esprit originel et l'élan, à l'heure où la spirale de dislocation est aggravée par les effets de la crise économique. Où est la solidarité lorsque les pays membres ne parviennent pas à s'entendre sur de nouvelles institutions ou avancent en ordre dispersé sur les efforts de relance face à la crise? Où est-elle, lorsqu'ils peinent à définir une vision commune des défis stratégiques qui les entourent? Qu'en reste-t-il lorsque le fossé entre l'est et l'ouest de l'Europe ne parvient pas à se combler ?

Un âge s'achève pour cette Europe qui s'est construite sur l'« insatisfaction créatrice », une volonté d'aller toujours plus loin sans se contenter de l'acquis. Elle doit maintenant choisir entre la solidarité ou l'égoïsme, la poursuite de l'aventure ou le repli, l'intérêt général ou les intérêts particuliers, le long et le court terme. Les compromis tièdes, les renoncements silencieux et les demi-réformes ne peuvent que précipiter l'éclatement.

La dislocation européenne?

Les signes de faiblesse inquiétants se sont accumulés face aux crises multiples de l'année 2008. A force de désaccords, l'Europe s'effrite et se crispe de menaces nationalistes en surenchères protectionnistes. Diplomatiquement, elle ne parvient pas à faire entendre sa voix dans les grandes négociations. Economiquement, ses rigidités et ses divergences retardent sa guérison, lui faisant perdre des parts de marché dans le monde. Politiquement, on ne compte même plus les tiraillements et les délais. La dislocation est d'autant plus possible que les élargissements récents n'ont pas été digérés. L'effondrement est moins à craindre qu'un lent détricotage des solidarités existantes avec le danger, au fil des années, d'une Europe mausolée d'institutions impuissantes et d'espaces nationaux trop petits pour peser réellement.

Le désordre des politiques économiques est plus flagrant que jamais, au point qu'il existe un véritable danger existentiel pour la zone euro. Si la monnaie unique garde toute son utilité, en protégeant les nations européennes de grandes tensions sur les marchés des changes, elle est en même temps un voile masquant les divergences intérieures et retardant les ajustements. Deux causes expliquent cette fragilité.

D'abord, l'euro résulte d'un volontarisme politique, plus que de convergences économiques. Les zones monétaires optimales définissent des espaces au sein desquels une monnaie unique permet des gains de productivité et accroît les échanges, parce que les ajustements se font au moyen d'une redistribution fiscale, d'une mobilité des travailleurs et des capitaux ainsi que d'une élasticité des prix et des salaires. Or, si les Etats-Unis constituent une zone monétaire optimale, tel n'est pas le cas de la zone euro. La mobilité des travailleurs y reste très faible. La redistribution d'un Etat à un autre se révèle insignifiante, avec un budget communautaire qui ne dépasse guère les 1 % du PIB européen. Seule la mobilité du capital est tout à fait réalisée. Dès lors, en cas de déséquilibres graves, le tout n'est pas en mesure de rétablir mécaniquement l'équilibre entre ses parties. La crise se propage lorsqu'une région sévèrement touchée grève durablement les résultats d'ensemble de la zone.

Une deuxième cause, plus pratique, vient du refus d'adjoindre à la politique monétaire, garantie par l'indépendance de la Banque centrale européenne, une politique économique commune à la hauteur des enjeux. En un sens, il a été décidé que la zone euro ne marcherait qu'à cloche-pied, parce que l'Allemagne, en particulier, craignait qu'une politique économique communautaire incite à se départir de politiques économiques nationales vertueuses. Le pacte de croissance et de stabilité instaurait à la place une homogénéité passive fondée sur des critères rigides de déficit budgétaire qui ont volé en éclats avec la crise et risquent de se noyer avec elle.

Quelle est l'ampleur des menaces? En cas d'aggravation différenciée de la crise, la zone euro peut se trouver au même instant coincée dans une trappe inflationniste en certains endroits et dans un piège déflationniste dans d'autres. Le premier risque est de devenir un attelage dont les chevaux tirent à hue et à dia. La Banque centrale européenne fixe des objectifs pour juguler l'inflation moyenne de la zone euro. Si cette inflation est répartie de façon uniforme, la politique bénéficie à tous. Mais si l'on imagine quelques pays clés entraînés vers la déflation par l'éclatement de bulles spéculatives, comme en Espagne, ou par la forte contraction des exportations, comme en Allemagne, tandis que d'autres seraient confrontés à une inflation rapide, tout le monde aurait à perdre à un traitement moyen qui ne jugulerait ni l'inflation ni la déflation. Résultat ? Une atonie économique durable, une décennie perdue à l'image de celle que connurent les Japonais après 1990.

Un autre risque relève de l'aléa moral. Le déséquilibre naturel de la zone euro entre une économie allemande géante, qui représente, avec la France, près de la moitié du PIB de cette zone, et, à l'autre bout du spectre, de très petits pays, favorise les comportements dits de « passagers clandestins ». Un petit pays peut s'abriter sous le parapluie de la stabilité monétaire pour conduire une politique budgétaire risquée dont il n'aura pas à payer le coût. En temps de crise, il peut espérer profiter des efforts de relance des autres pays sans en fournir lui-même. Les arrière-pensées accroissent la défiance mutuelle. L'incapacité à s'accorder sur le plan de relance européen en porte témoignage.

Pourtant, le chacun pour soi est suicidaire. Les difficultés financières de certains Etats et leur endettement massif, qui a pu conduire comme en Grèce ou en Espagne à la dégradation de leur note de crédit, ont fait surgir la crainte de banqueroute au sein de la zone euro. Le cas n'ayant pas été envisagé, une sortie de l'euro est maintenant évoquée. Celle-ci reste improbable en raison du coût symbolique et politique d'une telle mesure ; surtout la nouvelle monnaie nationale serait immédiatement victime d'une crise de change massive ; sa dette, libellée en euros, gonflerait démesurément. Il n'y a donc pas d'autre solution que le soutien de ces Etats par d'autres plus sains de la zone. Il ne s'agit plus désormais de plans de sauvetage de banques mais de préserver de la noyade des Etats entiers. Autant dire que le risque est immense.

Les turbulences de l'année passée ont encore montré toute l'acuité du danger politique d'un navire sans capitaine. La gouvernance européenne traverse une crise profonde. La présidence française n'aura fait que révéler, *a contrario*, le manque de gouvernement dans l'Union européenne. Elle a montré avec une certaine force ce dont l'Europe est capable lorsqu'elle assume le volontarisme et trouve un porte-parole efficace. Ses acquis sont évidents. Sur de nombreux dossiers, une préparation minutieuse a permis de parvenir à des compromis, comme à Poznan sur le paquet « climat-énergie ». Face aux situations d'urgence, en Géorgie ou au cours du krach boursier, la France est parvenue à fédérer des positions communes improbables hier. Mais d'un autre côté, l'activisme français ne pouvait manquer de refroidir certains Européens sourcilleux vis-à-vis de la concertation communautaire. Les puissances comme l'Allemagne ou le Royaume-Uni se sont senties mises devant le fait accompli, tandis que certains pays, comme la République tchèque, s'estimaient humiliés et marginalisés.

La superposition des niveaux de la construction européenne avec le dédoublement entre la zone euro pour l'Union économique et monétaire et l'Union européenne à 27 – sans compter l'espace Schengen – pose d'autres problèmes. Au cours de l'année 2009, avec tous ses enjeux financiers et monétaires, la présidence tournante européenne revient à deux pays qui ne sont pas membres de l'Eurogroupe, ce qui conduit, de fait, à la vacance du pouvoir. Les stabilisateurs politiques qu'envisageait le Traité établissant une Constitution pour l'Europe font défaut.

La Commission européenne n'a pas été non plus à la hauteur des attentes au cours de la crise. En partie du fait de la lenteur de ses procédures, mais victime aussi de sa foi dans les vertus de la concurrence « libre et non faussée », elle a certes accepté d'ouvrir les digues en raison du caractère exceptionnel de la tempête, mais en laissant un sentiment d'improvisation et de désordre. La logique défensive et conservatrice a prévalu.

La Commission européenne n'a pas été capable de promouvoir un intérêt général européen. Elle a même paru stigmatiser de nouveaux Etats membres, Bulgarie et Roumanie, en raison de leurs difficultés à faire avancer l'état de droit.

Etait-il sage de geler une partie des fonds d'adhésion en Bulgarie, au risque de plonger ainsi le pays dans une crise politique au moment même où il devait faire face à la tourmente économique ?

Les dangers du monde guettent aux portes du continent. Les tensions stratégiques affaiblissent d'autant plus la cohésion européenne que cet environnement conflictuel est appréhendé dans la plus grande confusion. Au Moyen-Orient, l'Union européenne joue un rôle très en dessous des espérances et très en deçà des exigences de la situation. Sa position demeure marquée par les différences d'appréciation liées aux traditions diplomatiques diverses. Ainsi, l'accord se limite au plus petit dénominateur commun, à une poignée de bons sentiments interdisant toute avancée nouvelle.

Face aux crises avec la Russie – tensions avec son « étranger proche » Ukraine, Géorgie, ou approvisionnement gazier –, l'Europe n'est pas parvenue non plus à une position forte. Pourtant elle détient seule la clé de ces conflits. Les Etats-Unis y jouent le premier rôle à la faveur du vide de puissance européen. Tout l'équilibre en Europe orientale repose sur la question du partenariat rapproché avec Moscou. Or celui-ci peine à avancer depuis le début du siècle alors que les enjeux sont de taille : stabilité géopolitique, développement économique, indépendance énergétique.

L'effacement des origines

Sur les décombres de 1945, les Européens ont su inventer une zone de prospérité et de paix dans un esprit de réconciliation. Les objectifs ont été atteints au-delà de toutes les espérances. Malheureusement, après avoir élargi ses contours et tracé ses limites, trois moteurs historiques de la construction européenne ont aujourd'hui disparu.

La fin de la guerre froide a ébranlé la légitimité et l'ampleur du projet augural. L'unification de l'Europe occidentale s'accomplissait sous le signe de la démocratie libérale et du refus des régimes communistes. Elle y trouvait des frontières stables et la justification d'une première et petite Europe, la Communauté européenne des traités de Rome face aux Etats du COMECON. Il y avait alors assez à faire pour intégrer l'Europe de l'Ouest : au nord, vaincre la concurrence de l'Association européenne de libre-échange (AELE). Au sud, espérer la chute des dictatures : Franco, Salazar, les colonels. C'est en 1986 seulement que l'unification de l'Europe occidentale a été achevée.

Avec l'effondrement des démocraties populaires, l'Europe changeait d'un seul coup d'horizon géographique et politique. L'élargissement de 2004 aux pays d'Europe centrale et orientale augurait bien d'une unification globale du continent. Par volontarisme louable, peut-être est-on allé trop vite, privilégiant l'affichage et les symboles au détriment des réalités, sans remodeler en conséquence la gouvernance. En outre, l'élargissement reposait sur un malentendu profond. On ne retrouvait pas des brebis égarées. On ne recréait pas une unité « naturelle » entre l'Europe occidentale et orientale qui aurait été rompue par la guerre froide. L'Europe centrale a sa propre histoire. Elle entretient depuis toujours avec l'autre moitié du continent une relation complexe et conflictuelle, soumise aux influences religieuses et politiques contradictoires des Habsbourg, des Hohenzollern ou des Romanov, victime constante des brutalités guerrières au cours des derniers siècles. Si elle se sent européenne, elle a ses peurs et ses aspirations propres.

1989 refermait également la parenthèse historique de la division allemande. Or, ses effets avaient été multiples. La réunification mettait fin à un déséquilibre territorial qui déplaçait le cœur de l'Allemagne vers le grand couloir rhénan, dense, riche et industrialisé, à l'articulation de l'Europe occidentale. A partir de 1990, l'Allemagne se rééquilibre vers l'est, en retrouvant ses traditionnelles voies de communication et d'échange. Du coup, l'Europe, encore, tangue. La division garantissait en même temps aux partenaires européens une Allemagne affaiblie, rassurante, dans une association équilibrée.

En Allemagne même, enfin, la division suscitait peur et blessures qui incitaient à chercher le salut au sein d'un ensemble plus vaste.

Avec la réunification, l'Allemagne a acquis une certaine prépondérance. Après une décennie difficile, sa domination économique est évidente. En masquant la nouvelle situation par des compromis qui sous-représentaient politiquement l'Allemagne en Europe, en multipliant les non-dits, les Européens ont créé des dysfonctionnements permanents. Les revendications allemandes d'un traitement équitable étaient légitimes et inévitables. Elles furent l'objet des tractations de Nice et d'Amsterdam.

Depuis l'échec du traité constitutionnel, un troisième moteur, le compromis libéral né autour de l'Acte unique puis du traité de Maastricht, s'est à son tour enrayé. L'Union européenne a été portée sur les fonts baptismaux en vertu d'un compromis idéologique. Les progrès des institutions communautaires d'inspiration fédérale s'appuyaient sur les justifications des doctrines libérales qui dominaient en même temps la mondialisation. La dérégulation, la garantie de la concurrence et la limitation des fonctions de l'Etat devenaient ainsi les justifications des concessions de souveraineté et de la gestion strictement technique des politiques européennes sous la houlette de la Commission. L'union économique et monétaire ne constituait pas seulement un moyen ou un fondement sur lequel construire l'Europe politique future, mais un modèle qui limitait d'emblée la portée de ces institutions communes à venir.

Avec l'effondrement financier mondial, on mesure les dangers de cette équivalence car la légitimité européenne risque de se noyer dans le déluge qui emporte le marché dérégulé. C'était pourtant la seule idéologie consensuelle dans une Europe profondément divisée sur son sens. Comment expliquer autrement les atermoiements de la Commission, la timidité des dirigeants européens ? Aujourd'hui refont surface les contradictions fondamentales imparfaitement masquées et trop longtemps tues. Elles sont explosives, plaçant l'ensemble de la construction en danger d'écroulement.

L'Europe sans projet

L'aire de paix et de prospérité risque de devenir une forteresse de dénis dans un monde inquiétant. Rien ne serait pire que le repli de la peur ou la vanité du contentement. L'idéal d'un continent d'après l'histoire, si éprouvé par ses propres erreurs passées qu'il aspirerait seulement à jouir d'une retraite bien méritée, est une tentation tragique pour la construction européenne. Il n'y a pas d'Europe en dehors du monde. Il n'y a plus d'Europe en l'absence d'un projet commun. La crise est multiforme.

C'est avant tout une crise d'efficacité. Sur tous les dossiers, l'Europe a semblé caler. La

Politique étrangère et de sécurité commune (PESC) est au point mort par manque de consensus parmi les Etats membres. Les rigidités du pacte de stabilité et de croissance et l'enfermement des institutions européennes dans un rôle de contrôle et de censure des Etats ont bloqué toutes les initiatives économiques d'envergure. Cette stratégie d'étouffement sans issue ne fait qu'accumuler les frustrations à l'égard de Bruxelles. Face à la crise économique, l'absence de coordination effective des plans de relance et l'impression de silence des institutions communautaires détériorent encore un peu plus l'image de l'Union. Le retour des Etats aurait pu favoriser un réveil de l'Europe. L'occasion n'a pas été saisie, alimentant l'exaspération de citoyens qui se sentent dépossédés et victimes.

Une crise de projet également. L'achèvement du Marché commun puis celui de la monnaie unique ont été de vrais succès, comme l'avaient été auparavant la reconstruction industrielle, avec la Communauté européenne du charbon et de l'acier, le développement du nucléaire civil, avec EURATOM ou la modernisation agricole, avec la PAC. Tous sont essoufflés. Depuis l'élargissement, il n'y a plus de grands projets consensuels capables de cimenter l'Union. En témoignent les déceptions de la stratégie de Lisbonne.

Plus gravement encore, une crise de légitimité apparaît. Les revers politiques ont secoué l'Union : référendums de France et des Pays-Bas en 2005, d'Irlande en 2008, désaffection pour les élections européennes, montée de l'euroscepticisme. C'est la rançon des incompréhensions accumulées par les institutions européennes. Elles paient un déficit de lisibilité et de visibilité, tant l'écheveau des compétences entre les Etats et l'Union est devenu complexe, avec vingt-deux procédures différentes de décision communautaire accumulées depuis les traités de Rome de 1957. Un déficit démocratique, également, car les citoyens européens ont la conviction d'institutions éloignées de leurs préoccupations, au fonctionnement profondément technocratique et opaque, sentiment renforcé par le fait que les élites politiques nationales tendent à faire porter à l'Union la responsabilité de mesures impopulaires.

En découle, enfin, une crise d'identité. L'Europe se cherche, taraudée par le doute. Quelles frontières doit-elle se donner ? Depuis les élargissements de 2004 et 2007, la question des limites devient plus brûlante. L'adhésion de la Turquie, en cours de négociation, est source de vifs débats dans de nombreux pays membres. Mais la question se posera, à l'avenir, pour d'autres. L'Ukraine démocratique a-t-elle vocation à une adhésion, par exemple ? Une fermeture de frontières supposées définitives de l'Europe va à l'encontre même du projet originel. L'Europe n'est pas seulement un territoire mais un destin.

Jusqu'où doit-elle s'enraciner? A mesure que s'avivait la tension persistante entre modèle fédéral et confédéral, les doutes sur son approfondissement s'accumulaient. Aujourd'hui, un palier est atteint dans les transferts de souveraineté, sans doute pour longtemps.

Il n'est pas jusqu'aux fondements de l'identité continentale qui n'aient donné matière à douter, lorsqu'il s'est agi d'interroger les « racines de l'Europe ». J'ai toujours défendu la conviction que l'essence de l'Europe résidait dans le projet de sa construction. Si elle s'arrête, si elle se fige, elle s'évanouit. C'est la nature même de l'esprit singulier qui a présidé à sa croissance. Forgée par le croisement de l'intérêt économique et d'un idéal politique, elle a été pendant cinquante ans un espoir, un dépassement des circonstances historiques par la volonté d'hommes de paix éprouvés par la guerre. Je crois qu'elle n'a pas fini de tenir et d'élargir ses promesses.

*

* *

Ces crises à répétition traduisent la remise en cause de notre volonté de vivre ensemble. Il n'y a pas d'interdépendance assumée sans esprit de solidarité. Ce principe se décline à tous les niveaux : responsabilité des Etats face aux actions entreprises par leurs partenaires; transferts de richesse et de savoirs pour assurer le partage de l'élan ; sentiment des citoyens d'être responsables pour d'autres citoyens.

L'ampleur du désarroi appelle une véritable refondation. La construction européenne à venir ne peut s'échafauder qu'autour d'une ambition exemplaire. La construction d'un modèle social, tout d'abord. Nos systèmes reposant sur la solidarité, la protection sociale et les droits des salariés ne sont pas une faiblesse au regard de la compétition mondiale. Ils sont une chance et la garantie d'une plus grande cohésion. Une ambition économique ensuite, fondée sur la modernisation et l'innovation, afin de s'imposer comme la première économie de la connaissance. Enfin une ambition politique retrouvée, pour donner un second souffle à l'unité.

Gouverner

Il faut aujourd'hui repartir de l'avant, aller au bout du chemin que l'Europe s'est tracé. L'Europe authentique intègre et associe à son parcours, elle fédère et respecte. Ces objectifs peuvent être atteints en assurant la lisibilité de l'action, son efficacité et son ouverture à de nouveaux projets fédérateurs. En termes politiques, la solidarité doit permettre de concilier le respect de la règle de l'unanimité et la dynamique inspirée par certains pays. Il ne sert à rien d'avoir un train avec plusieurs motrices.

Une direction commune et la force d'entraînement suffisent. L'unité n'a jamais eu pour corollaire l'impuissance.

Une juste répartition des voix au sein du Conseil des ministres doit être visée pour ne pas heurter les petits pays. En même temps, il faut développer les décisions à la majorité qualifiée pour avancer. Les rouages institutionnels nés des traités de Nice et d'Amsterdam sont inadaptés. Ils doivent être refondus. Mais peut-on se satisfaire du traité de Lisbonne s'il entre en vigueur? Je ne le crois pas. Un nouveau traité devra reprendre l'initiative, relancer le projet commun et établir les principes. Une présidence européenne durable, visible et légitimée par le suffrage est souhaitable. De même une responsabilité réelle de la Commission devant le Parlement. Mais il s'agit aussi de définir un *modus vivendi* entre les Etats, car l'égrènement des ratifications et des refus n'est plus tolérable. La ratification de ce traité devrait passer idéalement par un référendum continental, même si cela peut poser de graves problèmes pour certains membres comme l'Allemagne. Le rejet serait prévu et, n'entraînant pas de blocage général, créerait un système d'association au sein du noyau dur ayant accepté le traité.

Une telle démarche suppose, en amont, une force d'impulsion et de proposition réunissant les principaux acteurs européens au nom de l'intérêt général de la communauté. L'histoire récente le montre : pas d'Europe sans un couple franco-allemand solide. Avec la multiplication des Etats membres, la coordination et le rapprochement institutionnel entre les deux pays sont plus essentiels que jamais. Les partenariats entre administrations, la régularité des rencontres et les sommets, la coopération culturelle comme par exemple lors de l'élaboration du manuel d'histoire commun, doivent être non seulement poursuivis mais renforcés. Une étape symbolique doit être franchie pour manifester ce désir d'avancer ensemble. Une charte d'union pourrait être adoptée par les deux parlements réunis en Congrès. Paris et Berlin ouvriraient ainsi la voie à un modèle institutionnel de consensus pouvant rallier l'avant-garde des pays européens, les autres pays gardant la possibilité de s'y associer le moment venu.

En effet, l'élan doit être préservé. Les intérêts et les conceptions des deux pays, sur les questions économiques, sur la politique de sécurité commune, sur les enjeux énergétiques, ne coïncident plus. En témoignent par exemple les différends dans le domaine du nucléaire civil ou l'aéronautique, chacun suspectant l'autre d'une volonté de domination. A l'heure actuelle, un risque réel de divergence existe. Il ne peut être surmonté, comme il l'a toujours été par le passé, que par le volontarisme politique. La réconciliation franco-allemande nous enseigne qu'il n'y a pas de fatalisme historique. Les deux partenaires sont très différents, l'un tourné vers l'Est, fortement orienté vers l'exportation, fondé sur une culture du consensus, l'autre tourné vers la Méditerranée, économiquement pluraliste et avançant dans un affrontement politique constant. L'harmonie du couple franco-allemand suppose le respect des spécificités et le dépassement des égoïsmes. Dans le domaine industriel, des partenariats clairs, ciblés et renforcés doivent être poursuivis, en tenant compte des différences de culture de gestion et de direction et en équilibrant les distributions de sites. En ce qui concerne le nucléaire civil, tout devrait être fait pour surmonter le blocage politique qui a conduit Siemens à se tourner vers la Russie. La France devrait offrir à l'Allemagne la place qui lui revient dans le capital d'Areva, tout en proposant à Moscou une coopération renforcée avec une Areva résolument européenne. Dans le domaine financier, Paris et Francfort partagent des valeurs et des intérêts communs qu'ils pourraient faire valoir dans la réorganisation à venir de l'Europe financière. Cela passe par des accords forts sur la régulation et la coopération.

Toutes les dynamiques peuvent s'agréger à ce couple central. Non parce qu'il aurait un avantage de puissance, non parce qu'il prétendrait à l'hégémonie, mais parce qu'il est le laboratoire historique, politique, institutionnel de la recherche d'un intérêt général dépassant les intérêts particuliers à travers la mise en œuvre d'une solidarité volontaire et réaliste. Des coopérations renforcées peuvent accueillir les efforts italiens, espagnols ou grecs d'un pôle méditerranéen, les désirs britanniques, les demandes polonaises et tchèques d'un pôle oriental. De toute manière, le polycentrisme et l'harmonisation des différences demeureront la spécificité de l'Europe.

Le réalisme appelle un autre choix. L'Europe à modèle unique n'existe plus depuis Maastricht, peut-être même depuis l'adhésion britannique de 1973, avec ses clauses dérogatoires. Désormais, le train européen avance en accordéon, à des rythmes inégaux. L'adoption de l'euro a entériné ce modèle d'une Europe à plusieurs vitesses. Reste à l'assumer, sans y voir une faiblesse, en poursuivant un objectif essentiel : éviter les décrochages.

Moderniser

La solidarité européenne a besoin d'être matérialisée par des projets au long cours, tels que le Marché commun après 1957 et l'Union économique et monétaire depuis le Système monétaire européen de 1979. L'approfondissement de la démarche communautaire a toujours été le fruit de programmes qui apportaient, par leur réussite, la preuve que l'échelon communautaire était le mieux à même de les mettre en œuvre. L'obstacle de la souveraineté n'a pas été levé par le droit mais contourné par la coopération. Encore faut-il définir les domaines où elle peut le mieux s'exercer.

La gestion des flux migratoires, d'abord, nécessite une intervention coordonnée de l'Europe sans qu'elle se réduise à une police des étrangers. Seule l'Europe peut négocier avec les pays voisins en évitant les surenchères. Les migrations sont de plus en plus un phénomène continental. Aux filières traditionnelles, du Maghreb ou de l'Afrique francophone vers la France, de la Turquie vers l'Allemagne, se sont ajoutées de nouvelles migrations venues des Balkans ou du Moyen-Orient, kurdes en particulier, vers l'ensemble de l'espace communautaire. L'enjeu sur ce point consiste à dégager un consensus européen sur ce qui peut être accompli en matière d'accueil et de maîtrise, en tenant compte des besoins d'une démographie déclinante.

Les universités, la recherche et l'enseignement supérieur offrent un autre levier propice. La compétition et la coopération scientifiques avec les autres pôles de puissance – les Etats-Unis mais bientôt aussi la Chine et l'Inde – et la mobilité des chercheurs exigent d'être pensées à l'échelle européenne. Il serait possible de favoriser l'intégration du système universitaire européen sans mettre fin à la diversité des systèmes d'enseignement supérieur mais en les interconnectant davantage, comme cela a été le cas avec l'homogénéisation des grades et des crédits d'enseignement. Toute une série d'instruments peuvent permettre d'atteindre cet objectif : la mise en commun d'une partie des financements, une autorité de tutelle unique ou encore la fondation d'établissements dépendant directement des instances communautaires.

Troisième domaine d'intervention potentiel : l'énergie. Tout concourt aujourd'hui à montrer que sa maîtrise distinguera le destin des aires de puissance au XXIe siècle. La raréfaction des ressources en fera un défi stratégique. L'Europe a une position délicate à tenir. Elle est à la fois le continent le moins bien doté en matières premières énergétiques et le plus dépendant de voies d'approvisionnement contrôlées par la Russie. La nécessité d'œuvrer au rapprochement avec Moscou, d'une part, et à assurer la diversification des routes, d'autre part, comme c'est le cas avec la construction du gazoduc Nabucco de la Caspienne à la Bulgarie, est donc bien réelle.

En même temps, l'Europe est un acteur majeur de l'économie et de la technologie de l'énergie avec des champions industriels bien implantés dans le nucléaire civil, dans les énergies renouvelables ou dans la production électrique. A l'échelle nationale, ces groupes n'ont pas les dimensions requises par la compétition qui s'annonce. Le coût des luttes fratricides, comme la rivalité entre Areva et Siemens, par exemple, est trop élevé. La seule solution est d'envisager désormais la politique énergétique au plan continental.

Cette modernisation exige un réel gouvernement économique européen, légitime, audacieux et porté par une vision. Car la solidarité se traduit aussi par la longue chaîne d'interdépendances entre fournisseurs, producteurs et consommateurs européens. L'intégration des marchés est très avancée. Près des trois quarts des biens échangés par les pays européens le sont entre eux. Pourtant, l'économie reste au milieu du gué, trop intégrée pour ne pas subir de secousses communes, parce que le temps des marchés nationaux est révolu, et trop éclatée pour bénéficier de toutes les économies d'échelles possibles. La récession mondiale a mis à nu ces fragilités.

La stratégie de Lisbonne a donné le cap : l'Europe ambitionne de devenir la première économie de la connaissance, seul moyen de consolider durablement ses positions et de sortir par le haut de la crise économique. Encore doit-elle maintenant se donner les moyens d'atteindre cette ambition. En augmentant son effort d'investissement dans les domaines de l'innovation et de la recherche et en valorisant ses ressources scientifiques au moyen d'une Agence européenne concentrée sur une dizaine de filières – biotechnologies, nanotechnologies, spatial, nucléaire, télécommunications –, l'Europe doit pouvoir affronter la concurrence mondiale sans timidité. Elle affichera par là même un véritable « patriotisme économique ».

La solidarité impose de viser l'unité en valorisant les atouts de chacun. Une politique économique européenne doctrinaire et uniforme n'aurait pas de sens. Elle irait à l'encontre des intérêts de pays aux besoins si différents. L'Allemagne s'est spécialisée dans les biens de production et dans l'exportation. L'Angleterre a concentré ses savoir-faire dans le domaine des services financiers et des services aux entreprises. La France dispose de positions puissantes en matière de technologies de pointe, comme dans l'agro-alimentaire et dans l'industrie du luxe. Mais une dynamique d'ensemble reste indispensable. Seul un gouvernement économique européen peut y répondre par le pragmatique et l'incitation. Le dogme de la concurrence libre nécessite des révisions tant il est profondément inadapté à la nouvelle phase de mondialisation qui s'annonce. Tandis que les autres aires de puissance économique disposent de régulateurs forts, l'Europe se bride.

Il est temps pour l'Europe de mettre en avant son modèle global de solidarité. Ce modèle décrié dans la dernière décennie comme trop peu audacieux et trop sclérosé montre sa capacité de résistance aux chocs conjoncturels et structurels.

La conception particulière des services publics constitue aujourd'hui un réel avantage comparatif des nations du vieux continent. Les systèmes de santé et d'éducation, l'entretien du réseau d'infrastructures le plus dense et le plus moderne du monde renforcent l'attractivité pour les investissements étrangers. Mais au-delà, leur rôle favorise la cohésion sociale, nationale et communautaire.

D'amples systèmes de sécurité face aux risques individuels et collectifs – maladie, chômage, vieillesse – répondent aujourd'hui aux défis du vieillissement démographique, du retour du chômage de masse et de l'inflation des coûts de la santé et de la dépendance. A des changements structurels également, face à la précarité galopante, au chômage des jeunes et des plus de cinquante ans, enfin à la segmentation croissante du marché du travail. La flexisécurité, initiée par les pays du Nord, marque la continuité de l'ambition européenne en la matière.

La solidarité territoriale naît d'une géographie contrainte. Les outils d'aménagement du territoire et de préservation de l'agriculture tels que la PAC ou les instruments de convergence économique régionale comme le Fonds social européen ou le Fonds européen de développement économique régional contribuent à souder ensemble les territoires.

Le modèle social européen repose enfin sur des solidarités environnementales. En Europe, la prise de conscience a été rapide, héritage d'une industrialisation précoce. Son histoire lui a conféré un rôle de précurseur. Sans son impulsion, les négociations climatiques mondiales achopperaient.

L'exemplarité et la médiation

L'aura de l'Europe repose sur l'exemplarité. Moins qu'aucun autre, en raison de son passé, elle ne peut se fourvoyer dans le recours à la force contre la légitimité du droit et c'est pourquoi il était important que des voix européennes posent des valeurs et défendent des convictions, lors du débat de 2003 sur l'opportunité d'une intervention en Irak. Se couper des principes qui fondent l'action – l'Europe en a fait l'expérience – déchaîne durablement les passions et les violences. On ne transige pas en démocratie avec les libertés fondamentales.

Face au monde, l'Europe doit aujourd'hui assumer sa singularité. Nous ne deviendrons pas facilement les Etats-Unis d'Europe tant les écarts sociaux, économiques et culturels restent forts, ancrés dans l'histoire et la géographie. Le projet européen n'est donc pas un processus de fusion, imitant ce qui existe déjà, mais un modèle inédit de solidarité stable et cohérent, fondé sur une vision et un équilibre entre intégration supranationale et coopération interétatique.

Sa géographie fait de l'Europe un médiateur naturel dans les relations internationales et, par conséquent, un facteur de stabilité. L'efficacité de cette médiation dépend d'abord de la faculté des Etats membres à dépasser leurs propres contradictions. Son petit promontoire asiatique détermine les directions dans lesquelles doivent se poursuivre ses efforts de rapprochement, de compréhension et d'interdépendance.

L'Europe a une relation naturelle et forte avec le Bassin méditerranéen, berceau de ses premières civilisations. L'histoire y est aussi riche que conflictuelle, des guerres puniques aux croisades. Le sentiment de l'unité européenne, dans les siècles passés, s'est fait d'une certaine manière contre la Méditerranée, du moins en réaction à sa fermeture, au lendemain de la conquête ottomane au XVIe siècle. Le rapprochement entre l'Europe latine et l'Europe germanique supposait le long glissement des centres de gravité des rivages méditerranéens vers l'espace rhénan. Voilà pourquoi la relation de l'Europe d'aujourd'hui au Bassin méditerranéen est si ambivalente, comme avec un membre de la famille perdu de vue.

Les efforts entrepris ne sont pas suffisants. La politique de voisinage et les traités d'association avec les pays du Sud sont des éléments de compréhension mutuelle. L'Union pour la Méditerranée permettra d'aller plus loin en ce sens, si un équilibre est trouvé entre la création d'un espace de solidarité proprement méditerranéen et la participation de l'ensemble des Etats membres de l'Union. L'enjeu fondamental sera d'être à la fois concret et rapide sur des sujets aussi importants que l'environnement, la formation, les transports, la culture et l'immigration.

L'histoire de l'Europe commande l'entente avec son voisinage oriental, relation douloureuse et profonde. Les civilisations sont enchevêtrées et familières. La Russie s'est construite en s'adossant à l'Europe, en important ou rejetant son influence selon les époques, souvent brutalement, depuis l'absolutisme éclairé de Pierre le Grand jusqu'au marxisme selon Lénine. Russie aux deux visages, tour à tour tournée vers son ouest ou revendiquant ses racines byzantine et orthodoxe et son identité asiatique. Symétriquement, l'Europe éprouve depuis le XVIIIe siècle une attraction ambiguë pour l'empire des tsars, tout à la fois faite de coopération – les alliances du XIXe siècle et les emprunts russes en témoignent – et de volonté de conquête et de domination, depuis la campagne de Russie de 1812 jusqu'à l'opération Barbarossa de 1941. Ce long passé partagé entraîne un respect réciproque réel. En découlent pour l'Europe une responsabilité historique en même temps qu'un devoir de réalisme et d'apaisement. L'invention d'une forme de partenariat élargi et original avec la Russie est indispensable. La sécurité de l'Europe dans les domaines énergétiques et stratégiques l'impose. Laisser le champ libre à la diplomatie américaine sur ce terrain risquerait de favoriser les logiques de blocs et de nourrir les tensions qui se manifestent toujours au détriment de l'Europe occidentale. Depuis 2000, l'Union européenne a conclu un accord de partenariat stratégique et de coopération qui s'appuie sur les quatre espaces communs de l'économie, du droit et des libertés, de la sécurité extérieure, de la recherche et de l'éducation.

Pourtant, depuis les conflits successifs de l'année 2008 avec la Géorgie et l'Ukraine, les négociations sur la poursuite et l'approfondissement du partenariat se trouvent en partie bloquées. Surtout, l'Europe n'a toujours pas élaboré de vision commune claire, laissant la situation dériver au gré des circonstances. Rien n'est possible si les réticences anglaises ne sont pas assouplies. C'est l'intérêt conjoint de l'Europe, de la Russie et, partant, de la stabilité mondiale. La gravité de la crise économique russe – avec le recul massif de la production industrielle, la dévaluation du rouble et la baisse des revenus pétroliers – fait courir des risques d'instabilité majeure à ce grand pays, Empire-nation, marqué par les souffrances du XXe siècle.

L'Europe doit aussi réinventer le lien transatlantique. A elle de prendre en charge la conception du changement et l'effort de réflexion. Il ne revient pas à Washington de redéfinir les termes d'une alliance qui lui suffit pour l'essentiel et qui ne constitue plus un enjeu prioritaire.

La relation transatlantique au lendemain de la Seconde Guerre mondiale était une relation par nature inégale, contrainte par la gratitude, la peur de l'Union soviétique, la faiblesse militaire des Européens et leur désunion politique. Aujourd'hui, les trois derniers facteurs ont radicalement changé. Les progrès de l'influence européenne dans le monde passent par l'établissement d'une relation paritaire entre l'Union européenne et les Etats-Unis au sein d'une alliance refondue. L'OTAN telle qu'elle existe aujourd'hui étouffe l'approfondissement de l'Europe de la Défense sans pour autant offrir de garanties de sécurité équivalentes à celles du passé.

L'influence et la puissance

L'Europe doit assumer sa puissance. En s'abandonnant à la seule force de son exemplarité, elle s'imagine hors du monde alors qu'elle y est de plain-pied. Elle y possède des intérêts vitaux qu'elle doit préserver. Leurrée par sa paix intérieure, elle feint de croire à sa sécurité globale, en dépit des risques toujours renouvelés du terrorisme international et de la course au nucléaire. Elle doit mettre en valeur aujourd'hui les moyens dont elle dispose, mais surtout définir ses priorités stratégiques, ses intérêts et ses aspirations dans le monde.

L'Europe est, qu'elle le veuille ou non, une puissance économique mondiale. Elle est même la principale d'entre elles puisqu'elle représente

30 % de la production globale, plus du tiers des sièges des firmes multinationales, devant les Etats-Unis. A ce titre, elle a des positions à défendre qu'elle ne peut abandonner, comme elle le fait trop souvent, au nom d'une lecture strictement juridique des relations entre les Etats membres. Les Etats-Unis n'hésitent pas à intervenir pour préserver les avantages de leurs champions industriels ou pour garantir leurs intérêts stratégiques.

La crise signe le retour de l'Etat dans le domaine économique. L'Europe ne peut se contenter de suivre le mouvement mais doit repenser le partage entre les échelons national et communautaire. L'Union n'aurait-elle pas dû être le cadre d'un assainissement de la situation bancaire, évitant ainsi le chacun pour soi? La situation critique des pays émergents d'Europe centrale et orientale constitue une formidable occasion pour l'Union de resserrer les liens économiques et financiers du continent, en apportant l'aide nécessaire à ces pays tout en avançant dans la voie d'une harmonisation fiscale et sociale.

Du point de vue monétaire, il faut se saisir des atouts à notre disposition : l'euro est la deuxième monnaie d'échange du monde, avec plus du tiers des transactions mondiales, en même temps que la deuxième monnaie de réserve, avec le quart des réserves de devises. Les grands pays émergents s'interrogent sur l'opportunité de continuer à utiliser le seul dollar comme monnaie de référence. L'euro doit s'affirmer. Mais cela suppose pour la Banque centrale européenne de conduire la politique monétaire non seulement en fonction de critères internes, mais aussi d'un objectif de stabilisation mondiale, comme le fait la Réserve fédérale.

L'Europe – on l'oublie trop souvent – est aussi une puissance démographique qui compte presque 500 millions d'habitants. Pour pouvoir peser face aux Indiens, aux Chinois ou aux Africains, il lui faut atteindre une masse critique. L'unité de référence dans notre monde devrait s'approcher davantage du milliard d'hommes. Pour ce faire, l'Union devra à terme s'atteler à une ambition autrement plus grande qu'aujourd'hui, pour rassembler très au-delà de ses membres actuels des ensembles comme la Russie, la Turquie et l'Afrique du Nord, dans un même espace associé. Pourquoi ne pas concevoir que ces Etats puissent rapidement accéder à toutes les politiques de l'Union, sans pour autant être parties prenantes des décisions européennes ?

Sans renoncer à la perspective ouverte de l'intégration de la Turquie, ce pays pourrait constituer dès maintenant un exemple de cette politique. Vaut-il mieux avoir une Turquie en voie d'apaisement à l'intérieur de l'Europe ou une Turquie humiliée, ne jouant plus son rôle de médiateur vers le Moyen-Orient, le Caucase ou l'Afrique ? Le coût d'un refus de son adhésion serait grand, marquant un repli politique, économique et identitaire de l'Europe.

D'autant que son déclin démographique dans les décennies à venir va peser massivement sur la capacité de financement des retraites, sur le dynamisme des économies et sur les flux migratoires. Ces échéances doivent se préparer en amont, si l'on veut éviter des déconvenues brutales. En tout état de cause, nous ne pouvons plus différer la question de l'Europe-puissance à 27, voire davantage. Imaginer une Europe agissant à la manière des grandes nations unifiées, Etats-Unis ou Chine, serait illusoire. Son attractivité repose sur la spécificité de son modèle de puissance, sur un autre équilibre privilégiant l'influence sur la force. Mais l'Europe n'en demeure pas moins la seule échelle envisageable pour intervenir dans un certain nombre de conflits mondiaux. A condition de passer d'une logique identitaire, définie de l'intérieur, au risque du narcissisme, à une vision généreuse et cohérente, tournée vers l'extérieur.

Enfin, il existe une puissance militaire européenne. L'Europe représente le quart des dépenses militaires mondiales. Ses forces armées sont présentes dans un grand nombre de conflits mondiaux, au titre des actions de l'ONU, dans le cadre de l'OTAN ou de coalitions *ad hoc*, pour les troupes britanniques en Irak, ou au titre d'accords de coopération bilatéraux, comme c'est le cas pour la France dans certains pays africains. Pourtant, ses faiblesses sont criantes. Ses interventions sont disjointes et dépourvues de coordination. L'Europe de la Défense reste un chantier symbolique qui a toujours souffert du blocage des Etats-Unis et des origines pacifiques du pacte fondateur signé sur les décombres de la Seconde Guerre mondiale.

Pendant cinquante ans, toutes les avancées ont été conflictuelles en ce domaine parce qu'elles se limitaient aux questions intérieures, avec la remilitarisation allemande, tandis qu'à l'extérieur les engagements militaires, surtout liés à la décolonisation, ne la concernaient pas en tant que telle. L'Europe n'a donc jamais pu faire la preuve de son utilité en termes de sécurité. Elle a littéralement manqué l'occasion de le faire au lendemain du traité de Maastricht, lors de l'implosion de la Yougoslavie et, en particulier, face à la purification ethnique en Bosnie-Herzégovine. En 1999, lors de la crise kosovare, les Européens ont pris conscience de leurs insuffisances. Aujourd'hui, une étape est franchie. La souveraineté militaire européenne s'esquisse dans les communications satellitaires, par exemple, avec le projet Galileo, et dans l'industrie de défense, au moyen de participations croisées des Etats. Des forces d'intervention conjointes de plusieurs dizaines de milliers d'hommes ont été mises sur pied et l'intégration des institutions de décision et de planification a été poursuivie, dans le cadre de la politique européenne de sécurité et de défense. Mais des décisions concrètes, qu'il s'agisse d'un quartier général européen ou d'une agence de Défense, doivent renforcer les évolutions lancées par le processus de Saint-Malo en 1998, car les réticences britanniques, les appréhensions et les blocages turcs ou est-européens demandent toujours à être dépassés. Dans un monde de plus en plus dangereux, où les grandes alliances se recomposent rapidement et où les risques de constitution de blocs s'aggravent, l'union est plus que jamais un impératif militaire et diplomatique.

*
* *

La solidarité a sa mesure concrète : l'établissement d'un gouvernement commun. Face aux crises multiples, la faiblesse des institutions européennes traduit l'absence inquiétante de sentiment d'appartenance collective. Au même instant, la crise vient nous rappeler qu'il n'y a pas d'autre voie que la solidarité pour enrayer le déclin. Une défaillance européenne continue perpétuerait un déséquilibre majeur laissant la seule responsabilité de l'avenir au duopole Etats-Unis/Chine. La multipolarité exige donc l'affirmation d'une Europe-puissance.

La crise financière et économique met l'Europe au défi de sortir de l'impasse. Pour l'instant, les résultats sont plutôt décevants, avec des plans de relance en désordre, encore amoindris par la défiance mutuelle et l'avidité de chacun, rendus inefficaces par leur étalement dans le temps, avec des sauvetages financiers où ont prévalu le chacun pour soi et une absence totale de vision.

Pourtant, rien n'est perdu. L'Europe peut montrer concrètement qu'elle fait le choix de la solidarité si elle se dote d'un véritable gouvernement économique. Parce que le budget européen reste insignifiant, une fiscalité européenne est nécessaire pour augmenter les transferts à l'intérieur de l'Union et lui donner les moyens de l'action. Dans le même temps, l'harmonisation doit être poursuivie de manière volontaire dans le domaine fiscal, pour empêcher les effets d'éviction et les concurrences déloyales, mais aussi dans le domaine social pour favoriser des conditions de travail comparables à l'échelle de l'Union.

Le système actuel interdit d'emblée le débat sur l'intérêt supérieur de l'Europe en dissociant les questions, en fragmentant les réponses, en liant d'avance les mains des acteurs supranationaux. Ni les seuls grands principes, ni les normes techniques ne peuvent tenir lieu de politique publique. Ce débat doit peser réellement sur un partage des ressources disponibles pour être fructueux. Il faut se donner les moyens de devenir plus solidaires, et non postuler la solidarité comme préalable à des harmonies souhaitables.

6

L'audace de l'indépendance

Quel sens a encore l'indépendance des Etats face à la mondialisation? Si leur souveraineté doit prendre en compte des contraintes lourdes et nombreuses, leur légitimité appuyée sur des identités fortes est plus nécessaire que jamais pour faire vivre nos principes communs et organiser le monde de demain. L'indépendance est un principe actif, mobilisateur dans une communauté internationale à construire et non à subir, née d'une interdépendance accrue. Un acte de liberté, à la fois pacte d'adhésion et forum de propositions constamment renouvelées.

Cela est particulièrement vrai pour la France. Son choix, à cet égard, a valeur de symbole et d'exemple. Son retour dans le commandement intégré de l'OTAN rompt un consensus politique et diplomatique de près d'un demi-siècle. Il a estompé une spécificité ancrée dans nos mentalités. La messe est-elle dite pour autant? Je ne le crois pas. Nous pouvons encore préserver cette indépendance exigeante et défendre notre liberté d'action à l'extérieur.

Bien sûr, la tâche est lourde tant le monde a changé. Les conflits se multiplient et frappent à notre porte à travers le terrorisme et les peurs qu'il engendre. Face à ces défis, la tentation de l'autarcie n'est plus de mise. Il n'y a pas de politique étrangère de la France sans une vision originale, mais également sans une action coordonnée.

Une singularité française

L'aspiration à l'indépendance est un legs de l'histoire de France. Deux mouvements se sont entremêlés, les deux moments d'une même respiration. Tout d'abord, à l'intérieur, celui de l'unité toujours fragile – depuis les efforts des grands féodaux contre le roi de France jusqu'aux révoltes fédéralistes de la Révolution. Unité souvent douloureuse et jamais achevée. Elle forge le sentiment d'un destin commun, incarné par des idéaux, une exigence sociale et républicaine.

Ensuite, à l'extérieur, par les armes ou les idées, la France a longtemps cru à sa mission universelle. Le souci de l'indépendance habite déjà les Capétiens, Philippe Auguste face aux Plantagenêts, Philippe le Bel face à la papauté. Il est au cœur des préoccupations de François Ier, ennemi des hégémonies, qui s'emporte contre ce « testament d'Adam » par lequel Portugais et Espagnols se partagent le monde et qui réinvente la diplomatie en acceptant l'alliance de revers avec l'Empire ottoman de Soliman le Magnifique, dans le but d'affaiblir les prétentions de Charles Quint. Défensive puis conquérante, la diplomatie royale n'oublie jamais de garantir la sécurité d'un royaume ouvert par sa géographie aux invasions. Ainsi, la politique expansionniste de Louis XIV se double de la construction de la « ceinture de fer », incarnée par Vauban.

La singularité française prend parfois un visage sanglant lorsque la Convention prétend imposer à l'Europe les Lumières et la liberté par les armes. Le Grand Empire succombe lui aussi à l'ivresse de la puissance, même s'il sème – par le Code civil notamment – les germes d'une identité européenne.

En dépit de ses erreurs, notre politique extérieure reste porteuse d'un idéal universaliste qui fait sa force. Notre quête d'indépendance n'a pas été, loin s'en faut, une simple rivalité entre Etats. Elle s'est jouée sur tous les terrains. Contre les ultramontains, la royauté puis la République ont cherché à restreindre le pouvoir de la papauté. La séparation de l'Eglise et de l'Etat conduira à l'affirmation d'un principe cardinal de notre pacte collectif, la laïcité.

D'autres nations se sont construites sur le même désir d'indépendance, en longues vagues successives. Ce fut l'histoire des Insurgés américains, de la libération de l'Amérique latine par le général Bolivar, des mouvements nationaux en Europe centrale, plus près de nous encore des pays colonisés, de l'Afrique à l'Asie. Ce désir a tenu lieu d'identité, *a fortiori* quand l'unité intérieure se révélait impossible.

L'indépendance à la française conjugue, elle, dans un équilibre singulier, unité intérieure et affirmation extérieure, chacune renforçant l'autre. Peu de nations ont eu cette chance. Les Etats-Unis et la Chine l'ont connue, chacun différemment, mais ni la Russie, ni le Japon, ni la Grande-Bretagne ne sont parvenus à maintenir un équilibre à long terme. Depuis Tocqueville, nous savons que la Révolution a poursuivi en la matière ce que l'Ancien Régime avait commencé, c'est-à-dire le renforcement et la légitimation de l'Etat. Ce long souffle de notre histoire, tous les grands historiens s'en sont faits les passeurs, de Michelet à Braudel.

Cette conception suscite naturellement des objections. Pour certains, le passé est révolu. Il n'y a plus de Habsbourg, plus de ligne Maginot. Ceux qui annonçaient la « fin de l'histoire » dans une démocratie libérale mondialisée fustigeaient souvent du même coup l'obsolescence de l'Etat, proliférant et inefficace. Le monde de 2009 s'inscrit-il d'une quelconque manière au-delà de l'Etat et après l'histoire? Bien au contraire, comme en témoignent les crises récentes. En Géorgie, nous voyons à la fois l'affirmation d'un Etat russe relevé de son affaiblissement et la résurgence de l'expansionnisme tsariste dans le Caucase, obnubilé par la conquête d'une voie d'accès à l'océan Indien.

Pour d'autres, le poids de l'histoire est trop lourd. Les erreurs et les tragédies de son passé interdiraient à la France de s'ériger en modèle. Pour aller de l'avant, le passé doit être assumé, avec toutes ses zones d'ombre. La société française et, avec elle, les représentants de l'Etat ont montré au cours des quinze dernières années leur capacité à regarder en face les méfaits commis en son nom. Le discours de Jacques Chirac sur la commémoration des rafles du Vél' d'Hiv', en 1995, qui reconnaissait la responsabilité de l'Etat français dans les persécutions des Juifs de France, a fait date. Dans un autre registre, la question coloniale et la mémoire de l'esclavage suscitent un légitime regain d'intérêt. Encore faut-il laisser les historiens faire leur travail sereinement.

N'est-ce pas là le meilleur moyen de retrouver confiance dans notre destin singulier? Celui d'un pionnier de l'idéal qui n'est fort qu'à condition de rester fidèle à sa promesse.

La vocation du passeur

Le décalage ne manque pas de surprendre entre le regard critique que la plupart des Français posent sur la France et l'admiration qu'elle suscite souvent à l'étranger, où nos positions sont attendues et notre parole écoutée. Son rôle de médiateur naturel s'inscrit dans sa géographie même, au carrefour de l'isthme européen, point de passage ouvert sur la Méditerranée, sur le couloir rhénan et sur l'Atlantique. A la fois pont et rendez-vous, la rencontre des peuples est devenue son destin.

Elle est un passeur privilégié entre l'Est et l'Ouest comme l'illustre son action diplomatique à l'égard de la Russie. Depuis Tilsit, en 1807, jusqu'à l'alliance franco-russe de 1893, court une même volonté d'entente des deux pays partageant une même aspiration à la puissance avant d'incarner deux universalismes concurrents. La géographie et l'histoire s'imposent par-delà les soubresauts des idéologies. C'est en ce sens que le général de Gaulle parlait plutôt des intérêts de la Russie que de ceux de l'Union soviétique. Nulle posture, nul désir de jouer son avantage entre deux superpuissances dans la vision gaullienne mais une diplomatie enracinée dans le passé et la conviction d'une vocation qu'aucun autre pays n'était en mesure d'assumer.

Son rôle de passeur, la France l'exerce aussi entre le Nord et le Sud. Le temps du ressentiment, lié à la colonisation, a laissé place à un dialogue fécond. La France a conservé une influence particulière en Afrique subsaharienne, par exemple. Cette association de destins favorisée par les décolonisations pacifiques de 1958 à 1962, et la création de la Communauté française, va bien au-delà des liens avec les Etats. Elle féconde aussi un rapprochement des peuples. Dans le monde arabe, la France jouit, notamment depuis le changement de cap de la politique gaullienne à l'occasion de la guerre des Six Jours, d'une réelle audience, jamais démentie depuis.

Sa voix demeure nécessaire à l'équilibre des relations internationales. Elle porte une légitimité nourrie par l'expérience. A l'Assemblée générale de l'ONU, la France est capable de fédérer des choix, des décisions, des projets ralliant les pays du Sud. Trait d'union naturel, souvent porte-voix des plus démunis, elle ne peut s'enfermer dans la seule « famille occidentale » sans se renier. Pour nos partenaires, ce repli serait interprété comme une perte de substance et d'énergie, une moindre capacité à rapprocher les points de vue ou à transmettre des propositions.

Incarner des valeurs sans pour autant donner des leçons au monde auxquelles elle ne s'astreindrait pas elle-même – reproche souvent entendu et parfois justifié – est un défi permanent. Rester soi-même consiste non pas à se réfugier dans une tour d'ivoire d'où seraient fulminés des messages planétaires, mais coopérer sans cesse avec les autres peuples, accompagner leurs efforts vers plus de démocratie. La longue route de l'avènement de l'état de droit est pénible et semée d'embûches. La voix de la France doit plaider pour une démocratisation réaliste, c'est-à-dire réelle, mais progressive. Est-ce une faiblesse coupable que de mesurer et d'encourager les progrès plutôt que de censurer de haut les défaillances d'un pays ? La Chine n'est pas une démocratie. Si elle ne le devient pas tout de suite, le sera-t-elle jamais ?

Prenons le problème dans l'autre sens. Que se passe-t-il lorsque la France renonce à son indépendance pour fondre son identité dans un camp ou un bloc ? Regardons la IVe République : jamais la France n'a fait aussi nettement le choix de l'alignement qu'après 1947, pendant la décennie où gaullistes et communistes étaient dans l'opposition. Prise dans la nasse d'une décolonisation qu'elle n'assume pas et d'une guerre froide qui la dépasse, la France a durablement perdu prise. Son influence dans le monde s'est effacée et sa cohésion s'est affaiblie. Menacée par les uns, méprisée par les autres, elle a dans le même temps cessé de s'aimer. L'indépendance reste bien pour la France à la fois un facteur d'équilibre et un principe d'action.

Les exigences du présent

Caractérisé par la mondialisation des économies, les progrès de la multipolarité, comme la crise du projet européen, l'état du monde plaide plus que jamais pour une défense de nos principes.

La mondialisation est un fait. Il ne s'agit pas de discuter son bien-fondé ou de rêver d'un impossible retour en arrière. La nouvelle phase à venir sera plus compétitive, parce qu'elle implique un nombre plus grand d'acteurs, en particulier l'accession au marché mondial de milliards d'habitants des pays émergents, et parce qu'elle impose une concurrence accrue pour les ressources naturelles. Les masses financières en jeu pèseront de tout leur poids sur les entreprises françaises, à mesure que des groupes géants d'Inde ou de Chine tenteront d'entrer dans leur capital. Par ailleurs, les grands Etats disposant d'une rente économique – hydrocarbures, minerais, excédents commerciaux – seront des partenaires de plus en plus exigeants car ils disposeront, à travers les fonds souverains, d'une fraction significative de la capacité de financement mondial.

Le maintien de l'indépendance consiste en ce domaine à se doter des leviers nécessaires pour mieux dynamiser, contrôler et protéger l'activité économique nationale, en particulier dans certains secteurs stratégiques, comme la défense, les banques ou les nouvelles technologies. A défaut, sociétés, cultures et territoires seront travaillés par de puissantes forces de rupture. A l'intérieur de chaque pays, l'écart entre les plus riches et les laissés-pour-compte ne cessera de se creuser. Entre ces deux extrêmes, les classes moyennes se sentiront menacées et privées de perspective.

La multipolarité croissante des relations internationales fait peser d'autres contraintes sur l'action de la France. Les ensembles géopolitiques se redessinent rapidement autour de nouveaux leaders, tandis que la puissance américaine amorce un long reflux. Quel est le risque pour une puissance comme la nôtre? Celui, sous l'effet de la peur ou de la faiblesse, de l'attraction dans le champ de gravité d'un pôle de puissance. Ces pôles sont souvent plus contraignants que les blocs de jadis, soucieux d'alignement plus que d'alliance. Des pressions s'exercent dans le sens d'une « occidentalisation », de la reconnaissance d'une « famille » – que traduisent les débats sur les racines chrétiennes de l'Europe ou sur le lien transatlantique. L'indépendance seule peut nous préserver de blocs compacts de civilisations.

Les passerelles et les intermédiaires, facteurs de cohésion et de stabilité dans un monde parcouru de tensions, sont indispensables dans un ordre multipolaire. Le jeu des surenchères, fidélité aveugle ou identité fantasmée, ne peut conduire qu'à la rupture et à l'affrontement avec les autres cultures.

Enfin, aujourd'hui, la France ne peut négliger le poids des incertitudes européennes. A l'heure où l'Union semble dans l'impasse, renoncer à notre spécificité ne servirait pas l'Europe. Elle se nourrit justement de la légitimité que lui apporte chaque Etat et trouve, dans leur singularité reconnue, la seule plate-forme possible d'un dialogue réel entre les nations.

Depuis les derniers élargissements, la crainte des populations de voir limitées leur souveraineté et leur capacité à s'exprimer n'a cessé de croître. L'histoire rend les nouveaux venus méfiants à l'égard des influences extérieures, qu'elles soient russes ou allemandes. Tous défendent une vision farouche de leur indépendance, la Pologne et la République tchèque en particulier. Les votes négatifs des Pays-Bas et de l'Irlande portent la même revendication. Beaucoup de pays redoutent leur dilution dans une Europe élargie, soumise aux directives de Bruxelles. Les institutions européennes doivent garantir l'écoute et la juste représentation de toutes les identités pour asseoir leur crédibilité. Peut-on croire encore que plus d'Europe, c'est moins de Pologne, de Danemark ou de France ?

A dire vrai, l'indépendance est un concept plus opératoire pour réussir l'Europe que l'affrontement entre souveraineté et intégration. Lors de la crise géorgienne de l'automne 2008, l'action diplomatique déterminée de la présidence française a porté, parce qu'elle a mis sa tradition de dialogue avec la Russie au service de l'Union et a procédé à un véritable effort d'harmonisation avec ses partenaires. L'Europe est forte quand elle coordonne ses voix, pas quand elle leur surimpose une voix nouvelle et artificielle.

*

* *

Hier et demain plaident ensemble en faveur de l'indépendance. Mais quelle indépendance ? Quel est son visage ? Jamais un choix contre un partenaire, mais une différence au service d'une vision, d'une singularité qui profite à tous. Le collectif ne s'impose pas à l'individuel ; c'est la somme des individualités, librement consultées, qui lui donne sa force. Personne ne croit qu'une démocratie est plus forte quand elle contraint tous les citoyens à penser de la même manière. La diversité des opinions et leur confrontation pacifique dans le débat public sont au contraire la condition même de son enracinement. Pourquoi n'en irait-il pas de même à l'échelle des Etats ? Pourquoi faudrait-il s'aligner, prêter sa voix par avance et se lier les mains pour que l'ensemble soit plus efficace ?

Alors oui, l'indépendance reste une affaire de souveraineté parce qu'elle ramène la légitimité là où elle est, au niveau du peuple qui débat et choisit. Mais, de surcroît, elle a partie liée avec la liberté, à la charnière entre la liberté de l'individu, qui fonde son autonomie, et le droit à l'autodétermination des peuples. Ni théorie éthérée, ni intérêt égoïste, mais philosophie de l'action, l'indépendance façonne une identité positive et non pas de fantasmes ou de souvenirs, forgée dans le projet commun et les accomplissements à venir. Elle propose la synthèse la plus solide entre justice et solidarité, l'armature du contrat social hérité des Lumières. En un mot, le pacte républicain. Ni d'un pays, ni d'un autre, elle est l'ancrage de chacun dans un monde commun, à rebours des uniformisations et des identités niées qui avivent les tensions internationales.

La véritable indépendance ne saurait se borner à une orientation diplomatique ou militaire. Je l'ai dit, détacher l'indépendance de ce qui la nourrit revient à rendre le tableau inintelligible. Elle doit bien redevenir notre concept stratégique, mais dans le sens où elle donne un cap général qui se décline dans les différentes sphères de vie de la nation. Le point de départ qui donne sens à l'ensemble des politiques. A ce titre, les souverainetés essentielles doivent être aujourd'hui préservées en matière de sécurité, d'économie et de culture. La défense de l'une sans les deux autres est vouée à l'échec.

Un impératif de sécurité

Dans un monde fragile, l'exigence d'indépendance est primordiale dans les questions diplomatiques et militaires. Garantir la plus grande sécurité possible à nous-mêmes, bien sûr, mais aussi à l'ensemble de nos amis et alliés est une nécessité. Cet impératif doit-il pour autant se traduire par la proclamation de notre retour dans le giron occidental ? Je crois profondément que ce n'est un service rendu à personne. Nous donnons le signal du repli à des Etats et des populations qui attendent beaucoup de nous. Ici ou là, ce sera même ressenti comme une trahison.

En même temps, nous pouvons paraître agir à contretemps, à l'heure où l'Amérique de Barack Obama semble s'affranchir de la peur pour s'adresser à nouveau, conformément à la mission qu'elle s'est toujours assignée, au monde entier. Le discours inaugural du nouveau président en a été l'emblème, apostrophant peuples et Etats et promettant main tendue et expérience.

Notre sécurité est-elle mieux préservée en enfermant nos moyens d'action dans un cadre préétabli ? La renonciation à la défense gaullienne « tous azimuts » serait lourde de conséquences. Il ne s'agit pas seulement d'être réaliste et de concentrer les efforts sur le danger le plus crédible, mais d'anticiper des reconversions au cas où les menaces viendraient à se déplacer. Une stratégie ouverte, sans idées préconçues, s'adapte plus aisément. Par ailleurs, diplomates et militaires ont la mémoire longue. La France, par sa géographie et par son histoire, garde le souvenir et l'empreinte de la nécessité, dans les instants critiques, d'assurer seule en dernier ressort sa sécurité. Les deux guerres mondiales l'ont montré car elles signèrent dans les deux cas l'échec de mécanismes d'équilibre – l'un reposant sur une logique d'alliance, l'autre sur la sécurité collective *via* la SDN.

Rejoindre le commandement intégré de l'OTAN était un contresens. S'agissait-il d'un signal sans effet pratique ? En ce cas les coûts dépassent les gains, car nous misons sur la normalisation transatlantique au détriment de notre influence dans le monde. S'agissait-il au contraire d'un changement réel pour la conception de nos actions militaires ? C'est pire encore, car de fait, nous soutenons ainsi une évolution dangereuse de l'OTAN dans l'ordre mondial.

D'alliance défensive régionale, l'OTAN s'est muée, après l'effondrement du pacte de Varsovie, en une ligue armée des démocraties et, de plus en plus, en un gendarme du monde assumant des opérations de maintien de la paix à la place des Nations unies. Elle élargit à l'infini son mandat, en agissant hors de ses territoires et dans des domaines de plus en plus variés. Ce fut le cas au Kosovo, comme aujourd'hui au Darfour, où l'OTAN assure des opérations logistiques. En Afghanistan, l'intervention au lendemain des attentats du 11 Septembre afin de combattre la menace terroriste abritée par le régime des talibans pouvait, dans l'urgence, se justifier avec des objectifs ciblés. L'OTAN n'avait pas pour autant vocation à y intervenir durablement.

L'intervention des Etats-Unis en Irak en 2003 a altéré la relation stratégique transatlantique. Aurait-il été possible de porter le débat sur la légitimité de l'intervention et sur le respect des valeurs comme la France l'a fait, si elle avait rejoint le commandement intégré ? Certes, on a beau jeu de rappeler que l'Allemagne s'y est aussi opposée. Aurait-elle eu les mêmes marges de manœuvre si la France n'avait montré le chemin ? Dans cette crise, il y a eu deux aspects. L'un, consensuel, a été de ne pas envoyer de troupes en Irak ; l'autre, plus audacieux, a été de contester la légitimité onusienne revendiquée par nos alliés américains pour valider la guerre. La France a mené un combat, cherchant à convaincre ses partenaires qu'il y avait un risque majeur d'affrontement avec le monde arabe et l'islam. Elle accomplissait d'autant plus volontiers son devoir qu'elle avait conservé sa liberté. Pourrons-nous, demain encore, nous autoriser une telle audace ?

L'année 2008 avec ses multiples changements politiques, économiques et stratégiques, aux Etats-Unis surtout, pose de nouvelles questions. Avant de marquer symboliquement notre retour de plain-pied dans l'Organisation, nous aurions dû nous demander si elle avait toujours un sens. Nous nous sommes contentés de passer une couche de peinture sur la coque d'un navire qui prend l'eau, à l'occasion de la conférence chargée de symboles de Strasbourg et de Kehl. L'anniversaire fêté laisse un arrière-goût amer tant les brèches sont nombreuses.

L'affrontement avec la Russie doit être évité. On ne pourra se passer d'elle dans le règlement des questions énergétique et iranienne, par exemple. Or, les candidatures de deux pays voisins, la Géorgie et l'Ukraine, et les rapprochements avec la Moldavie et l'Azerbaïdjan nourrissent son ressentiment.

L'OTAN s'est également laissée emporter par un idéalisme déplacé qui en a fait un instrument de démocratisation militarisée. C'est tout l'enjeu du renforcement du contingent en Afghanistan. Nous sommes engagés sur le terrain. Nous devons y viser la plus grande efficacité. Est-il vraiment réaliste de maintenir un double objectif de stabilité de l'Etat afghan et de démocratisation de la société, dont tout le monde reconnaît que le premier est difficile et le second improbable? Il n'y a pas de solution militaire durable en Afghanistan et le renforcement des troupes ne fait qu'augmenter les désordres futurs. Faisons donc preuve d'esprit critique en posant les véritables questions et en conditionnant notre soutien à un projet réaliste de sortie du conflit. Le mariage de l'idéalisme démocratique et de la force militaire est aujourd'hui discrédité par huit années d'administration Bush. Mais l'OTAN doit toujours en prendre acte pour réviser son concept stratégique.

Un allié sûr et exigeant, voilà ce que nous avons toujours été pour les Etats-Unis. Jamais, dans l'histoire des deux pays, il n'y eut d'intérêts profondément antinomiques ni d'affrontement réel. Qui peut se targuer d'une relation d'amitié aussi longue, à travers toutes les paix et toutes les guerres, de Yorktown à la Somme, de la Normandie au Koweït? C'est le devoir d'un ami, plus encore que d'un allié, de manifester ses désaccords et de prévenir des fautes possibles. Dans les décennies passées, nous avons pris les mesures nécessaires pour rendre la contribution de la France à l'OTAN la plus efficace possible, participant à 36 comités sur 38, avec une centaine d'officiers français. Le retour dans le commandement intégré constitue une véritable rupture symbolique et non une simple régularisation.

Il y avait déjà eu des projets de réintégration par le passé, notamment en 1995, sous la présidence de Jacques Chirac. Mais deux exigences étaient affirmées : la garantie de l'autonomie de la force de dissuasion nucléaire française et la constitution d'un pôle de Défense européenne. En outre, la réintégration devait s'accompagner de contreparties au plus haut niveau opérationnel. Ces propositions n'ayant pas été satisfaites, le projet ne s'est pas réalisé.

Rappelons surtout que cette tentative s'inscrivait dans un autre contexte, avant une succession de raidissements : 1999, lorsque les frappes en Serbie ont posé la question de la capacité de l'OTAN à accorder urgence et légitimité internationale. 2001, qui, après le 11 Septembre, a plongé le monde dans une spirale de défiance et paru donner crédit à une logique de « choc des civilisations ». 2003, qui a révélé, avec l'affaire irakienne, les divisions de la communauté internationale. 2008, enfin, qui a marqué l'entrée dans un monde véritablement multipolaire. Il s'agissait là d'une OTAN très différente, optimiste et ouverte sur les possibles, avant qu'elle ne choisisse la fuite en avant.

En définitive, cette décision repose sur le pari de changer l'OTAN de l'intérieur. Une OTAN réformée, équilibrée, délimitée. Les tests seront nombreux au cours des années à venir pour éprouver la capacité de la France à peser au sein de l'Alliance, qu'il s'agisse du partenariat avec la Russie, de l'Europe de la Défense, du nouveau concept stratégique de l'organisation ou de la politique menée en Afghanistan.

La maîtrise économique et financière

L'indépendance militaire n'est qu'un des piliers d'une véritable souveraineté. La maîtrise économique et financière est tout aussi déterminante, comme le prouve la crise. Question épineuse après une génération de libéralisme économique triomphant. En matière financière, l'Etat n'est plus à la barre. Les changes flottants et la féroce compétition économique mondiale lui lient les mains. Certaines règles économiques internationales échappent à présent complètement aux Etats, les normes de comptabilité, par exemple. Cette perte de contrôle se retourne contre les pays. Les plus faibles s'y sont heurtés au cours de crises de changes qui les plaçaient sous la dépendance des spéculateurs et des aides des institutions financières mondiales.

Faut-il encourager le protectionnisme et le rétablissement du contrôle des changes ? Faut-il un contrôle du secteur productif par l'Etat ? Ces deux conceptions appartiennent au passé et elles seraient contre-productives. L'indépendance en la matière n'est pas l'autarcie, mais l'évaluation, la répartition et la compensation des risques attachés aux liens avec des partenaires privilégiés. Des poids et contrepoids efficaces dans l'horloge mondiale. L'erreur des Etats-Unis fut de construire au cours de la dernière décennie une forme de symbiose tacite entre la Chine, atelier du monde aux excédents budgétaires colossaux, et eux-mêmes, consommateurs en dernier ressort, endettés à hauteur de trois fois leur production annuelle. L'indépendance des deux s'en trouve affectée, puisqu'une défaillance de l'un entraîne la chute de l'autre.

La solidité de l'économie doit s'appuyer sur une large palette d'activités. La conception des avantages comparatifs de Ricardo implique, dans une économie parfaitement mobile, une très forte spécialisation de chaque territoire. Cela signifie qu'aucun pays ne disposerait de l'ensemble des secteurs productifs. Dans un monde sans conflits politiques et territoriaux – Pangloss, devenu économiste, l'expliquerait savamment –, une telle répartition est optimale et sans conséquences. Dans un monde morcelé et incertain, s'interrogerait Candide, est-il raisonnable de se priver d'un certain nombre d'activités dont nous ne pourrions nous passer en cas de rupture des liens mondiaux?

En outre, la diversité économique reste un facteur de cohésion du territoire, une garantie de l'unité, un facteur de plus grande résistance en cas de choc conjoncturel. Même si chacune obéit à des logiques strictement économiques, des entreprises partageant une même origine, une même tradition sont appelées à se renforcer mutuellement, exprimant une forme naturelle de patriotisme économique.

La relation de l'Etat et des grandes industries demande à être clarifiée sans œillères idéologiques. Le soutien public est aujourd'hui nécessaire à la conclusion de nombreux contrats. Les diplomates ont investi le champ économique. Leur rôle s'est de plus en plus orienté vers la facilitation des affaires et la promotion du commerce extérieur. Cette exigence s'impose tout particulièrement à la France, en raison de son dynamisme dans des secteurs fortement liés à l'Etat comme les infrastructures ferroviaires, électriques, nucléaires, le secteur de l'armement et de la sécurité. La France, moins qu'aucun autre pays, n'a intérêt à baisser la garde et à laisser ses groupes esseulés, surtout à l'heure où sa compétitivité s'affaiblit, où son déficit commercial se creuse et où d'autres pays rognent ses parts de marché.

Certains secteurs d'activité stratégiques ne peuvent être abandonnés sans contrôle à des investisseurs étrangers. Il s'agit, bien sûr, de l'industrie de la Défense nationale, mais également de domaines clés, comme l'industrie pharmaceutique ou des activités de recherche et d'innovation, sans lesquels l'économie française étoufferait. Les Etats-Unis, récemment confrontés à la question, ont refusé la prise de contrôle des installations portuaires de la côte Est par un investisseur de Dubaï.

Les économies nationales n'ont pas besoin de protectionnisme mais de protections qui permettent d'harmoniser le libre déploiement des intérêts privés avec l'intérêt national. Cela implique une stratégie, appuyée sur une véritable politique industrielle et une capacité d'intervention d'un Etat sain, dynamique et visionnaire.

Au lendemain des Trente Glorieuses, la France, confrontée aux urgences de la reconversion, saisie dans le tourbillon idéologique du moins d'Etat et ne comprenant pas les enjeux lointains de la mondialisation, a perdu de vue toute politique industrielle cohérente. Elle semblait n'en avoir plus les moyens, ni surtout l'envie. La grande crise dans laquelle nous entrons a changé la donne. Il est probable que la nouvelle phase de mondialisation débouche sur une période de concentration des entreprises à l'échelle planétaire, de spécialisation accrue des territoires sur certaines productions et de reconversion douloureuse de pans entiers de nos économies, devenus obsolètes. Sans stratégie résolue, ces défis seront impossibles à relever.

L'Etat doit aujourd'hui non seulement accompagner les mutations, comme il le fit, cahin-caha, dans les années quatre-vingt, mais les guider et les infléchir en faveur de la nation au niveau mondial. Il doit, pour cela, définir une véritable politique de modernisation, au moyen d'investissements ciblés, sachant que la finance cédera son primat aux activités industrielles et de services qu'incarnent ses générations d'ingénieurs et d'entrepreneurs innovants. Cette politique doit être sélective, durable et volontaire.

Elle doit être sélective car la compétition mondiale exacerbe les avantages et les faiblesses. S'il faut préserver la diversité du tissu productif, la politique économique doit privilégier les domaines d'excellence de l'économie française et mettre tout son poids sur leur développement.

Tout d'abord, celui de l'énergie, des infrastructures et des grands équipements ferroviaires et aéronautiques, dans lequel notre pays dispose de grands champions internationaux. La France bénéficie ici des acquis d'une longue histoire et d'une implantation ancienne à l'étranger qui ont favorisé des partenariats stables. Mais nous voyons aujourd'hui que les diplomaties actives des Etats-Unis ou de la Chine infléchissent la donne en faveur de leurs grands groupes, en Afrique et en Asie notamment. La diplomatie économique française ne peut se permettre de rester en retrait.

Dans l'industrie du luxe, la France conserve à la fois de grands groupes et une image de marque qui lui permettent de rayonner dans le monde. Mais il faut se garder de se satisfaire d'une rente de situation, comme par le passé. Les défis augmentent et les rivaux se multiplient, que ce soit dans l'industrie agro-alimentaire de luxe, où l'on constate un déclin des parts des grands crus français dans le monde ou la haute couture, avec la concurrence croissante de New York et de Milan.

Autre secteur d'excellence, le tourisme doit être renouvelé profondément tant les règles du jeu changent vite. Il ne se limitera plus à l'exploitation d'un gisement d'attractivité pour lequel il suffit de disposer de mines à ciel ouvert comme la Côte d'Azur, le Louvre ou les châteaux de la Loire. L'avènement d'un tourisme mondial de masse, avec de nouvelles clientèles issues des pays émergents, oblige les infrastructures à s'adapter pour éviter un engorgement qui détournerait les flux touristiques ultérieurs. Les stratégies offensives de territoires comme Dubaï ou Abu Dhabi montrent comment le nouveau tourisme cherche à susciter l'attraction par de grands investissements culturels, dans le sens de marques et de labels mondialement reconnaissables. La France doit d'urgence encourager de nouveaux projets d'aménagement et redessiner les filières de formation pour répondre aux spécialisations accrues.

Une telle politique doit inscrire ses efforts dans la durée, grâce à des instruments d'aménagement du territoire et d'incitation aux investissements, mais aussi grâce à une politique éducative ambitieuse, à la fois garante de la cohésion de la société et de l'efficacité économique. L'école reste le lieu le plus à même de faire vivre les principes républicains qui fondent la spécificité française. Des filières de formation technique de pointe sont nécessaires, comme le développement de la formation continue, permettant la mobilité des parcours professionnels et les reconversions économiques les moins douloureuses possible.

Les fleurons français de l'enseignement supérieur et de la recherche ne doivent pas être affaiblis au profit d'un alignement académique sur des modèles dominants. Il est possible de renforcer les synergies entre grandes écoles et universités, de maintenir l'exigence d'excellence que garantissent les concours tout en veillant à l'ouverture et à l'équité du système. L'économie française doit renouer avec sa tradition d'inventivité et d'innovation, portée par des générations d'ingénieurs issus des meilleures écoles. Ceux-ci se sont longtemps détournés de l'industrie pour lui préférer la finance ou l'administration. Il faut les inciter à y revenir, par exemple au moyen de grands projets technologiques tels que ceux qui ont permis le rayonnement de la France dans les années soixante, depuis le Concorde jusqu'au TGV.

L'Etat est aussi le gardien des intérêts à très long terme de la nation, le fidéicommis d'un patrimoine environnemental à transmettre aux générations futures. Cela implique à la fois la mise en œuvre de régulations afin d'orienter les secteurs productifs vers plus d'économies, et des investissements considérables à longue échéance ayant pour but des infrastructures de transport économes en énergie, le développement d'un parc d'exploitation d'énergies renouvelables et la poursuite d'une véritable politique d'indépendance énergétique dont on a pu voir, dans les dernières années, par le contre-exemple de nos voisins dans les crises du gaz, qu'elle nous offrait une véritable sécurité.

La stratégie doit enfin être volontaire et s'appuyer sur des instruments nouveaux. L'intervention directe de l'Etat a souvent été inefficace car inadaptée. Les injonctions législatives produisent facilement des effets d'éviction dans une économie mondialisée. Le récent fonds stratégique d'investissement constitue un instrument novateur qui peut jouer pleinement son rôle de levier et doit se concentrer sur sa fonction d'intermédiaire entre l'Etat et l'entreprise. On pourrait, par exemple, envisager des prises de participations du fonds dans quelques grands groupes industriels en y associant, en même temps, des participations minoritaires accordées à des fonds souverains étrangers. Ces croisements seraient doublés d'un investissement de l'entreprise dans le pays d'origine du fonds et d'un soutien de celui-ci à la croissance de l'entreprise sur son marché national. Tous les contractants seraient gagnants dans un partenariat conjuguant efficacité industrielle et stabilité politique.

Maintenir la capacité d'action de l'Etat exige de lui conserver des marges de manœuvre réelles. Or, les évolutions des derniers mois sont extrêmement inquiétantes. Partout les niveaux de déficit public et d'endettement ont explosé. Certes, l'effort de relance devrait bénéficier à terme aux Etats, sous forme de plus-values fiscales futures. Mais une défiance généralisée des acteurs économiques à l'égard des Etats et un enfoncement dans une spirale déflationniste sont aussi envisageables. Pour certains, le financement sur les marchés obligataires deviendra plus difficile, à la fois par l'abaissement des notes de crédit et par le reflux des capitaux vers des placements plus risqués. La ponction fiscale sera inévitablement augmentée, grevant la compétitivité. Regardons les finances publiques japonaises après sa « décennie perdue », avec une dette qui dépasse de loin sa production annuelle et qui ne peut être servie qu'avec des taux d'intérêt extrêmement bas. Quelques points de plus et le service de la dette engloutirait l'ensemble du budget nippon. L'équilibre des finances publiques sera un critère majeur d'indépendance financière.

Tous les dogmatismes ayant échoué, il faut faire preuve d'un pragmatisme assumé et cesser d'opposer l'efficacité économique et la solidité des services publics. Ils sont un instrument de cohésion territoriale face aux forces centrifuges de la mondialisation et un levier d'implantation de secteurs innovants.

Des choix s'imposent. Les priorités doivent être hiérarchisées, les réformes échelonnées dans le temps. Au cours d'une période de fragilisation des individus, alors que le sentiment d'une lente érosion des conditions de vie lamine depuis plusieurs années la confiance de la population dans les gouvernements, la libération des énergies et des initiatives suppose une sécurisation de l'avenir, en particulier des plus précaires. Il incombe à l'Etat de renouveler le pacte qui le lie au corps civique et par lequel il garantit la solidarité, l'éducation, la santé et l'avenir à ses membres, dans la filiation de celui scellé à la Libération.

L'identité culturelle

La maison France doit enfin défendre son indépendance culturelle. Longtemps, elle a accordé une importance plus grande à ses institutions et moyens d'action que les autres pays dans ce domaine. Son engagement lui a permis, de longue date, d'en faire un instrument de rayonnement, donc d'influence. Si les cinquante dernières années ont salué le développement d'autres imaginaires, notamment américain ou japonais, l'influence culturelle française reste encore à ce jour parmi les plus fortes. Elle ne se limite pas aux gloires d'un passé prestigieux. L'Université américaine a été irriguée dans les dernières décennies par les grands noms de la philosophie française. La francophonie est vivante et jamais n'ont paru en France autant de chefs-d'œuvre romanesques, poétiques ou musicaux de l'univers francophone d'Afrique ou des Caraïbes.

Si l'indépendance est la condition de l'existence d'une nation, sa culture prouve sa vitalité et nourrit son identité. Parce que l'identité n'est jamais figée, définitive ou acquise, elle est l'expression même d'une liberté collective. Elle est, pour cette raison, matricielle; plus insaisissable et inaccessible aux institutions, parce qu'elle illustre la reconduction conflictuelle, à chaque instant, du pacte collectif.

Nous avons tracé à travers l'histoire un chemin particulier, une façon singulière de vivre ensemble. Ce pacte républicain connaît aujourd'hui d'importantes mutations. Evitons de l'étouffer en le sacralisant comme de le brader au nom d'une modernité de circonstance.

Là comme ailleurs, pas de stratégie possible sans vision. Si on peut déplorer depuis de nombreuses années la disparition d'une politique culturelle digne de ce nom, ce n'est pas faute de nécessité. Fondée sur le partage et l'adhésion, la culture porte en elle-même une ambition de dépassement des divisions et c'est pour cette raison que les plus grandes réalisations en ce domaine interviennent en période de crise. Ce fut le cas à l'époque napoléonienne pour surmonter les fractures de la Révolution. De même, aux débuts de la IIIe République, lorsqu'il fallait panser les plaies de la défaite. Enfin, ce fut un impératif lors de l'arrivée au pouvoir du général de Gaulle, soucieux de désarmorcer les guerres civiles larvées et la crise de la France coloniale qui avaient marqué la IVe République. Aujourd'hui, la crise appelle donc à son tour une politique culturelle d'envergure qui passe notamment par une meilleure articulation avec l'Education nationale.

L'impression d'une culture officielle, octroyée ou imposée par des élites à une population qui en serait la réceptrice passive, doit être évitée. Au mieux, c'est un effort dilapidé ; au pire, de la propagande. Notre tradition du mécénat qui fixe le goût et glorifie le prince laisse un magnifique patrimoine, bien sûr, comme à Versailles, mais ne crée pas sur le moment d'effets d'entraînement au sein de la population. C'est une culture fermée, déphasée, courtisane. La culture française se trouve actuellement en voie de patrimonialisation sous le poids de l'accumulation de ses richesses passées. Le coût de l'entretien de l'ensemble des monuments concentre les efforts budgétaires alors qu'elle doit n'en être qu'une partie.

Inversement, il faut se garder en matière de culture populaire de toute récupération qui brouille les lignes et risque d'affaiblir le pacte républicain. L'Etat doit avoir le sens de ce qui dure tout en respectant ce qui est appelé à passer.

La culture républicaine n'est ni élitiste ni populaire, elle est libre de se mouvoir en mettant à la disposition de tous les moyens de la connaître et de l'apprécier. Ce souffle intérieur a cruellement besoin d'être ravivé aujourd'hui en favorisant la création et le rayonnement culturels. Une politique « des cultures » cherche toujours un équilibre dynamique entre le centre et ses périphéries. Aujourd'hui, les langues régionales demandent à être reconnues. Elles doivent entrer en dialogue les unes avec les autres et réfléchir sur leurs expériences communes.

La diffusion de la culture se donne comme défi, après Malraux, l'accès de tous aux « œuvres de l'esprit », d'ici ou d'ailleurs. La culture parle à l'universel, loin de tout repli sur une identité nationale fantasmée par un récit linéaire de l'histoire. Qu'il y ait des lieux du souvenir national et de la commémoration est légitime, mais nous ne devons, en aucun cas, confondre la commémoration avec la culture. La connaissance du passé est cruciale et il faut qu'elle soit aussi libre que possible, parce qu'on ne prend pas son identité sous la dictée. Mais le désir du présent est tout aussi important. Seule la confrontation à la diversité de la création peut éviter l'enfermement du regard et libérer des œillères. Pour assurer la circulation de la culture nous n'avons pas de meilleur instrument que l'éducation artistique. Ne serait-il pas nécessaire de donner accès aux arts et à leur apprentissage tout au long de la vie ? On pourrait ainsi imaginer des Maisons des arts dans chaque commune disposant d'un collège d'enseignement secondaire, concentrant les enseignements, ateliers, manifestations et conférences concernant l'ensemble des arts – musique, cinéma, arts graphiques et d'autres encore – à l'intention des enfants d'âge scolaire comme des adultes. Favoriser le dialogue entre les générations apparaît comme une clé de la cohésion de nos sociétés vieillissantes.

L'encouragement à la création est l'autre défi à relever. L'Etat doit agir ici avec ses artistes et non les régenter. En aucun cas, il ne peut avoir la prétention de se substituer à eux pour définir ce qui est beau ou moderne. Il doit borner son action à accompagner et favoriser la création, en partant du principe que la sélection des formes se fait d'elle-même au sein de la société et que la culture est d'autant plus riche que ses artistes sont abondants.

La préservation de la diversité culturelle a un coût. Il a fait débat à propos du régime d'indemnisation du chômage des intermittents du spectacle, parce qu'on a longtemps confondu instruments de politique culturelle – en tenant compte des discontinuités et irrégularités des revenus dans le monde artistique – et moyens classiques de l'Etat providence, qui n'est plus en mesure de les assumer. L'Etat doit s'engager pour remplir les vides laissés tout en veillant à ce que le système soit purgé de ses abus.

Soutenir la création suppose aussi de mieux accompagner les industries concernées, parce que la culture a changé d'échelle économique et géographique. Pour le cinéma, une politique uniforme s'appliquant aux films d'auteur comme aux films à grand spectacle est vouée à l'échec. Chaque segment du marché du « septième art » a besoin d'aides spécifiques pour la concurrence internationale ou intérieure, dans le cadre de partenariats depuis la production jusqu'à la distribution. Le livre, peu subventionné en comparaison, mérite aussi un effort significatif, par exemple en faveur des traducteurs et afin d'encourager le développement du livre numérique.

Pour augmenter le rayonnement de la culture française, des relais sont nécessaires pour faire connaître la création contemporaine. Nous disposons à cet effet d'atouts avec notre réseau d'institutions à l'étranger capable d'assurer le contact avec les créateurs français, de diffuser notre culture et de manifester sa spécificité : centres et instituts culturels, Alliance française, partenariats universitaires, coopération de musées. La francophonie, cadre original et vivant, est en panne de projet et à la recherche d'un nouvel équilibre entre la France et les autres pays francophones. Elle doit être décentrée et repensée comme un réseau de cultures apparentées. Contrairement à une idée reçue, le nombre de ceux qui parlent le français dans le monde augmente. La langue française est un bien commun, socle de notre unité et voix de notre indépendance. Dans les nouveaux usages du monde, elle reste une soupape contre l'hégémonie de la langue anglaise et un pilier de la diversité des cultures. Il faut défendre, pied à pied, sa fonction de langue de communication dans les institutions internationales ou communautaires.

Mais rayonner, c'est aussi savoir accueillir les visiteurs, les touristes. Les attentes des millions de personne qui viennent à notre rencontre exigent l'entretien attentif du patrimoine architectural, la valorisation du patrimoine immatériel des savoir-faire et des modes de vie, le soutien aux grandes institutions culturelles comme le Louvre ou la Bibliothèque nationale de France. L'occasion doit être saisie de leur faire découvrir la culture vivante, en imbriquant davantage les mondes du tourisme et de la création artistique, en évitant la seule muséification, le dédoublement entre culture vécue et culture apparente.

*
* *

L'indépendance ou le déclin. L'alternative est posée. Il ne s'agit pas de chevaucher des rêves de grandeur ou de se gonfler d'un orgueil aussi vain que démesuré. Cette indépendance se veut ouverte, tolérante, tendue vers les autres nations. Il existe des menaces qui affaiblissent la spécificité de chaque pays. C'est le cas tout particulièrement de la France. Elles sont, à l'intérieur, le risque de dislocation du pacte républicain qui a su nous donner des institutions équilibrées, souvent exemplaires. Singulière mais tendant à l'universel, la vocation de la France se trouve aussi menacée de l'extérieur par le risque d'uniformisation et de dilution dans un grand marché mondial indifférencié.

L'indépendance n'est ni un luxe, ni une aberration. Elle est tout simplement vitale pour tous les peuples parce qu'elle est le ferment de leur identité, la liberté qui leur permet de prendre en main leur propre destin. L'enjeu recouvre la capacité à se gouverner, le choix de ne pas être livré sans voile et sans barre aux courants et aux vents. Un pays dépendant n'a pas d'intérêt propre. Il n'a plus les moyens de se découvrir, de questionner, de rechercher. Si nous voulons préserver l'intérêt général à l'échelle mondiale, régionale et nationale, nous devons accorder à tous les peuples, à commencer par le nôtre, cette respiration et cet horizon.

Cette aspiration propose un modèle de reconnaissance mutuelle, socle indispensable pour forger un intérêt commun au-delà des frontières. Elle n'est pas un poison nationaliste mais plutôt un moteur pour la reconstruction européenne. Les identités se superposent, elles ne se substituent pas les unes aux autres. Les Français se sentent aujourd'hui majoritairement Français et Européens. La légitimité européenne sera la somme de ces volontés singulières et pourtant solidaires, aussi diverses et interdépendantes que le sont les citoyens dans le corps civique.

Un nouvel esprit du monde

Les livres d'histoire retiendront peut-être 2008 comme l'aurore d'un XXIe siècle qui doit être celui de la réconciliation.

Nous pouvons saisir la chance d'une nouvelle Renaissance, vécue cette fois en commun avec les autres continents. Sans la conquête européenne. Sans l'effondrement des Amériques. Sans le repli de l'Asie.

Certes, depuis le 11 Septembre, notre monde est plus proche de l'embrasement qu'il ne l'a jamais été. Notre situation est dominée par des contraintes inédites de pénurie, d'inégalité et de radicalité.

Le monde semble se réduire comme une peau de chagrin. Les dangers de la surexploitation guettent l'ensemble des ressources, depuis les forêts tropicales jusqu'aux réserves halieutiques. L'augmentation de la population, la pollution, la concurrence entre une agriculture toujours plus assoiffée d'irrigation et une industrie aux besoins immenses, redessinent les contours des relations entre les sociétés humaines et leurs territoires. De profonds déséquilibres bouleversent le jeu international, qu'il s'agisse de la distribution des eaux douces, de l'approvisionnement en eau potable de mégapoles gigantesques ou des effets du réchauffement climatique. Le siècle à venir sera-t-il celui des guerres de l'eau? Il n'est plus possible de permettre à chacun d'agir à sa guise. Tôt ou tard, des contraintes collectives s'imposeront. La question est de savoir si nous en prenons l'initiative par le dialogue et la coopération ou si nous les subissons.

Jamais les inégalités mondiales n'ont atteint un tel niveau. La mondialisation a accentué les fossés tout en les rendant plus visibles que jamais. Avec les moyens de communication de masse, les hommes et les femmes du Sud ne peuvent ignorer la prospérité du Nord, son ivresse de consommation et sa richesse. A l'intérieur de chaque pays, les écarts de revenus se sont creusés, éloignant le rêve libéral d'une prospérité naturellement partagée. Aux Etats-Unis, le 1 % le plus riche de la population a accumulé plus d'un cinquième des revenus nationaux, le double d'il y a trente ans. En France, le dixième le plus riche détient la moitié du patrimoine du pays. Les différences de revenus se doublent d'injustices de plus en plus flagrantes dans l'accès à la santé, au travail ou à l'éducation. Jamais un pays n'a connu une hausse aussi rapide de ses inégalités que la Chine entre 1979 et aujourd'hui. Elles sont d'ores et déjà insoutenables. Une étincelle suffirait à embraser les frustrations et les rancœurs accumulées et aiguisées par la crise. Rester sourd aux demandes ne peut qu'alimenter les violences et la défiance.

La radicalité s'est emparée de la planète. Les affrontements s'enracinent de plus en plus profondément. Des rivalités d'intérêts classiques prennent un tour existentiel. Là encore, les ébranlements de la mondialisation, la diffusion de discours populistes et le poids des relations passionnelles avec l'Occident ont favorisé les crispations identitaires. Le fondamentalisme prospère sur tous les continents. L'islamisme n'est pas seul en cause. L'hindouisme radical, l'expansion évangélique en Amérique du Sud et en Afrique subsaharienne, l'ultra-catholicisme réactionnaire croissent sur le terreau de l'ignorance et de la haine. Mais ne cédons pas aux facilités de l'amalgame. Refusons les intégrismes, sans pour autant oublier la part d'inquiétude et de souffrance qu'ils expriment. La radicalité traduit aussi la résistance des cultures s'arc-boutant devant une mondialisation aveugle et déshumanisée. La politique dans ce contexte reprend alors tout son sens : s'ouvrir à de nouveaux dialogues pour repenser le monde en le dotant d'institutions propres à satisfaire l'intérêt général dans le respect des libertés fondamentales.

Pour la première fois, le monde parle à plusieurs voix dans la libre confrontation des intérêts et des approches. Cette chance doit être saisie avec la mise en place d'une gouvernance mondiale, refusant les logiques de bastions et de blocs, et soucieuse de dégager des compromis souples.

Tout ne peut être fait en même temps. Le temps de l'action exige des priorités clairement établies : la crise économique, le réchauffement climatique, ou encore le terrorisme et la prolifération. Il faut dégager un consensus explicite et un plan d'action impliquant, sur chaque dossier, des coopérations orientées vers un but pratique. C'est la démarche qui s'est engagée, et qu'il faut saluer, avec les travaux du G20 sur la régulation de la finance mondiale.

Nous ne pouvons nous offrir le luxe de discours apocalyptiques qui dictent leurs solutions sous le chantage de la destruction totale. Le monde ne peut être d'emblée d'accord sur une solution unique. Reconnaissons un droit à l'expérience, un droit au tâtonnement, un droit à l'erreur, même. L'histoire poursuit son cours. Elle s'est aussi construite sur les méprises des hommes, certaines tragiques, d'autres utiles pour féconder de nouvelles voies à l'image de l'idéalisme wilsonien. Au gré des circonstances, dans un monde si mobile, une démocratie doit être capable de changer de cap. Il faut aussi retrouver des marges de manœuvre en rendant aux politiques un temps nécessairement plus long que l'immédiateté médiatique.

Comment croire que le seul désir de changement suffit à dicter les bonnes solutions ? Il faut se résoudre à un monde qui n'est pas toujours rationnel, mais souvent en proie aux émotions collectives.

Aujourd'hui, il cède à la peur. Depuis 2001, un engrenage de la violence s'est emparé des relations internationales et de l'ensemble des sociétés occidentales. Les opinions publiques vivent sous le régime du choc permanent et sous l'influence d'images catastrophes. Après New York, les attentats de Bali, de Madrid, de Londres, de Bombay rappellent sans cesse la proximité de l'horreur. La crise accroît encore les angoisses, faisant resurgir des spectres que l'on croyait oubliés, les files d'attente de chômeurs, les exodes de la misère dans l'Amérique des années trente. De vastes pans des classes moyennes des pays industrialisés vivent dans la hantise du déclassement. Les lendemains sont plus incertains. L'avenir des enfants l'est encore davantage. Une telle situation est propice à toutes les dérives, aux démagogies et aux radicalités. La peur de l'autre n'attend que de refaire surface pour trouver des boucs émissaires commodes. C'est ce que permettent de contrecarrer des choix fermes et des signaux de confiance dans l'avenir. Au lieu de céder à la panique, il faut aussi remettre en perspective le présent avec les leçons du passé. Nous avons affronté bien d'autres crises, nous ferons face également à celle-ci.

Le basculement du monde a rendu plus visible une certaine arrogance de l'Occident. Nous apercevons, après des décennies d'aveuglement, l'ampleur des fossés et des incompréhensions qui nous séparent des pays du Sud. Ils nous connaissent pourtant et nous comprennent parfois mieux que nous ne le faisons nous-mêmes. Nous ne pouvons continuer à délivrer nos leçons au monde sans en tirer de conséquences. Les nations occidentales doivent se soumettre aux règles qu'elles édictent pour les autres. L'arrogance a un double visage. Elle traduit d'abord une confiance excessive en ses propres forces. Il faut prendre conscience de la vitesse à laquelle les pays émergents nous rattrapent. La transition ne durera que quelques décennies, obligeant l'Occident à s'adapter en urgence pour tirer le meilleur parti de la nouvelle donne. Mais elle témoigne aussi d'un mépris profond pour les autres cultures. Le sentiment de supériorité, l'enracinement de nos conceptions de la civilisation et de la modernité nous rendent aveugles au foisonnement intellectuel des cultures du Sud. Il faut se confronter aux idées des autres, s'ouvrir par raison, par conviction et par goût.

Les nations émergentes auront leur part de responsabilité. Elles doivent éviter de succomber à l'esprit de revanche, se mettre au diapason d'un monde plus vertueux en luttant contre la corruption et l'accaparement des richesses. Remplacer une hégémonie par une autre n'est pas à la hauteur des enjeux inédits de sécurité et de stabilité planétaires. Un retour de balancier retarderait de plusieurs années l'apparition d'une solution commune et équitable. Le deuil des anciennes blessures est la condition d'une cité des hommes réconciliés. Certes, les signaux ne sont pas tous encourageants. La Chine et la Russie ont cherché dans les dernières années à exploiter les outrages passés pour élaborer un nationalisme héroïsant. De tels processus sont cumulatifs. Ils multiplient leurs propres ennemis en créant des affrontements inutiles et en favorisant les escalades qui déstabilisent autant leurs sociétés que le monde. Souvenons-nous par exemple des conséquences qu'eurent la défaite de la Russie face au Japon en 1905 et le sentiment d'humiliation de l'Allemagne après 1919. Le basculement multipolaire ne doit pas être envisagé en termes de vainqueurs et de vaincus. Le prix à payer en serait immense.

Conjurer le pire oblige à une politique de principes déclinés en actions. Justice, solidarité et indépendance constituent le triptyque qui doit guider la communauté internationale. Le climat intellectuel amorce une renaissance de même envergure que le fut jadis l'humanisme occidental. Tolérant, ouvert, sollicité par les mutations profondes du monde qui nous entoure, il offre les ferments du renouveau. S'appuyer sur le passé ne signifie pas y revenir : les humanistes, en croyant restaurer la grandeur romaine, inventèrent un monde radicalement neuf.

A leur image, la nouvelle réforme intellectuelle et morale doit se fonder sur la place centrale dévolue à la loi, expression de l'intérêt commun face au pouvoir. Dans des contextes où l'arbitraire tire sa légitimité de l'invocation d'une transcendance, un ordre du droit formalisé signifie l'encadrement du pouvoir en même temps que le renforcement de l'autorité. Le retour au droit romain, même s'il n'avait jamais entièrement disparu, a permis au XVIe siècle de fonder une société centrée sur la loi et non sur le détenteur du pouvoir. Aujourd'hui encore, l'ordre abstrait et homogène de la loi se trouve souvent mis en danger. Les procès de l'Etat russe contre les oligarques témoignent du chemin à parcourir. La raison d'Etat y prime toujours sur l'Etat de droit. En Chine, des progrès ont été faits. Elle ressemble désormais à un « Etat de lois », dans lequel il existe des textes normatifs pour réguler l'activité sociale. Mais elle ignore encore le respect des droits des justiciables et les procédures qui fondent l'égalité de tous devant la loi.

Les démocraties occidentales connaissent elles aussi des dérives inquiétantes. Les raidissements du droit pénal ont conduit à la mise en cause de principes fondamentaux du droit, la personnalisation des peines, la non-rétroactivité des lois. On s'écarte insensiblement de l'ordre humaniste du droit, qui place la personne et ses actes au cœur du procès. En outre, l'inflation législative conduit à une situation d'insécurité juridique où il devient à la fois difficile aux citoyens de maîtriser l'évolution des lois et aux pouvoirs publics de les appliquer.

A l'image de la Renaissance, ce mouvement d'idées doit porter un universalisme, accessible à toute l'humanité, respectueux de tous dans leur différence, attentif aux cultures et à leur dialogue. L'humanisme s'est, en son temps, construit sur la double image de l'ancêtre idéal de l'Antiquité et de l'Autre négatif, le sauvage privé de civilisation. De la controverse de Valladolid aux cannibales de Montaigne, des massacres d'Amérique au *Supplément au Voyage de Bougainville*, l'Europe a construit maladroitement une image du semblable, du frère barbare qu'il convenait d'éduquer. La tentation fut grande de l'assimiler, de le contraindre à devenir identique, de le réintégrer dans le giron familial en somme. Les missionnaires chrétiens, civilisateurs patentés des colonies, en ont été les symboles, apportant en puissance ce qu'ils perdaient en légitimité, parfois avec les meilleures intentions.

Aujourd'hui, l'universalité d'un nouvel humanisme fondé sur des normes communes s'impose plus que jamais. Il doit dresser une ligne de défense contre les discours identitaires, les nationalismes, les fanatismes religieux et les communautarismes de toute origine. Le reflux de l'idéal d'une humanité commune réduit aujourd'hui encore l'adversaire au barbare. Ces dérives préfigurent et justifient d'avance toutes les cruautés, celles des guerres de Religion françaises du XVIe siècle par exemple, celles-là mêmes qui resurgirent lors des « guerres sales » de la décolonisation ou les massacres du djihad.

Dans la lignée d'Erasme, il faut également fixer une nouvelle démarcation entre la sphère religieuse et la sphère publique, entre le privé et le public. Il s'agit de préserver et de renouveler l'héritage de sécularisation, de tolérance et de laïcité qui naquit de siècles de guerres de Religion. La tolérance civile s'est construite lentement, en plus d'un siècle, d'édit de pacification en édit de tolérance.

Idée fondatrice d'un corps politique immanent, la laïcité est le socle de la Cité des Hommes, fidèle au libre arbitre et à l'esprit de tolérance, libérée des absolus de la Cité de Dieu. La désacralisation a permis la cohabitation des vérités. La loi de séparation des Eglises et de l'Etat de 1905 demeure un jalon de l'histoire de France qui a eu valeur d'exemple à l'échelle mondiale.

La résurgence d'une prétention du religieux à dominer le politique, à lui imposer ses formes, inquiète légitimement. 1979, avec la révolution islamique et l'avènement de l'ayatollah

Khomeyni, marque ici la principale césure. L'Iran fondamentaliste a été suivi par les talibans afghans et les milices de Somalie. Cette pulsion théocratique n'est plus l'apanage du seul islam mais tend à s'insinuer partout. Dans beaucoup de pays, la préservation de l'équilibre séculier s'est mise à tanguer. La Turquie kémalienne s'est construite sur une laïcité âpre, inspirée du modèle français, contre l'héritage ottoman et les partis islamistes. Elle paraît aujourd'hui douter de son chemin, réveillant de vieilles querelles comme la question du port du voile islamique dans les universités. La France même a rouvert le débat autour de la laïcité. Elle a trouvé dans la loi de 2004 un nouvel équilibre qui paraît satisfaisant.

A l'image du premier humanisme, le second souffle doit être indissociable à la fois des élans économiques qui le portent, des réseaux intellectuels qui le façonnent et des nouvelles techniques de communication qui le diffusent. L'humanisme était inimaginable sans l'imprimerie à caractère mobile qui a contribué à créer l'esprit critique démocratique. Les progrès techniques sont aussi spectaculaires aujourd'hui, avec les révolutions de l'information que connaît le monde depuis 1950. Après la télévision, Internet favorise l'expansion d'une opinion publique internationale, ferment peut-être d'une société civile transnationale. La mondialisation économique est partie intégrante de ce mouvement parce qu'elle crée les conditions sociales et matérielles de l'apparition de nouvelles couches sociales, dynamiques et ouvertes sur le monde. La convergence des classes moyennes de nombreux pays émergents constitue l'un des facteurs de cette évolution positive.

En dernier lieu, ce nouvel humanisme doit être à la fois une philosophie critique et une philosophie de l'action. Il doit donner toute sa place à la science et à sa rationalité. La raison est facilement répudiée aujourd'hui. L'ère de la consommation culturelle de masse a mené dans les sociétés développées à son recul au profit de la valorisation des passions, à un marketing émotionnel du monde. Le traitement de l'information générale et du débat politique dans les dernières décennies est symptomatique du recul de la rhétorique classique de la persuasion vers une technique psychologique et commerciale de l'inculcation. La rationalité scientifique est cantonnée à des domaines d'application restreints. Sa portée globale, sa visée universelle dans la tradition cartésienne sont ainsi niées au profit d'une séparation des tâches. Rien de durable ne saurait s'accomplir aujourd'hui sans la restauration préalable de la raison.

Il nous faut replacer simplement l'homme au centre de toutes choses. C'est le point cardinal de la morale humaniste. L'homme, doué de raison, est capable de choix et, à ce titre, porteur de responsabilités. Le libre arbitre, contre tous les déterminismes, sociaux, culturels, biologiques, reste la seule garantie de la maîtrise du destin. Quelle que soit la situation, il reste toujours au sujet la possibilité du choix, entre la libre adhésion ou le refus. Mais il arrive qu'il y renonce et s'enfonce dans la tragédie. De tels reflux de la raison et de la responsabilité individuelle se sont déjà produits au mitan du XXe siècle. Le nazisme, le fascisme, le stalinisme exigeaient l'abandon des droits de la conscience individuelle à un être collectif monstrueux, détaché de la volonté de ses membres. Les crimes commis en son nom n'engageaient plus la responsabilité individuelle mais une participation technique au meurtre commun, une simple place dans la division du « travail ». La déshumanisation touchait à la fois les bourreaux et bien sûr les victimes, transformées en parasites dont l'extermination n'était même plus un geste politique.

Si l'homme trouve prise sur le monde, c'est d'abord en puisant en lui-même le ressort du changement. Sa vertu seule fonde sa légitimité. Nul moralisme ici, qui plierait le monde à un code étouffant et sclérosé, mais une rigueur de caractère qui permet à l'individu d'agir au nom de ce qui le dépasse. Cette vertu républicaine qu'emprunterent Machiavel, Thomas More et Juste Lipse à l'âpre monde romain n'est autre chose que l'esprit civique qui, par la raison, l'esprit de justice et la liberté, permet à l'homme de surmonter son enfermement et son impuissance pour devenir plus grand que lui-même dans le service de l'intérêt général. La vertu est exigeante, parfois dangereuse et, perdant l'un de ces appuis, elle peut sombrer dans l'inhumanité. Sans la justice, Cromwell. Sans la raison, Savonarole. Sans la liberté, Robespierre.

Construire un monde à l'échelle des hommes, l'homme en a le droit, le devoir et la liberté. Une nouvelle citoyenneté est à inventer aux racines autant locales que mondiales. L'éthique de la responsabilité permettra de mesurer l'action à l'aune de ses résultats.

Depuis le début des années quatre-vingt, nous avons connu la cupidité, la spéculation sans frein et sans frontières. La crise a levé le voile sur l'inacceptable. Saurons-nous en tirer les leçons ou retournerons-nous aux mauvaises habitudes d'antan, une fois la crainte du péril passée ? Ne pas répondre aux injonctions de la morale et de la justice nous condamnerait à une crise plus grave encore.

Table

Chapitre 3
Le défi de la paix

Chapitre 4
L'urgence de la justice

Chapitre 5
L'épreuve de la solidarité

CHAPITRE 6

L'audace de l'indépendance

Cet ouvrage a été composé et imprimé par
CPI Firmin Didot à Mesnil-sur-l'Estrée
pour le compte des Éditions Plon
76, rue Bonaparte
*Paris 6e*
en mai 2009

Imprimé en France
Dépôt légal : juin 2009
N° d'édition : 14449 – N° d'impression : 95200